名桜大学やんばるブックレット4

やんばると観光

大谷健太郎・新垣裕治　編

大谷健太郎	宮城　敏郎
伊良皆　啓	新垣　裕治
田代　　豊	野波　　寛
大友　章司	坂本　　剛
卯田　卓矢	

やんばると観光 ● もくじ

序章　やんばると観光
　　　大谷 健太郎 ……………………………………… 5

北部地域における観光の現状と全体像
　　　大谷 健太郎 ……………………………………… 8

やんばるの観光と沖縄国際海洋博覧会のインパクト
　　　宮城 敏郎・伊良皆 啓・大谷 健太郎 …………… 28

"やんばる"のマングローブ
――地域性と観光資源の観点から考える――
　　　新垣 裕治 ……………………………………… 43

やんばるの自然環境観光資源の管理・保全における課題
――コモンズとしての自然海岸の管理を誰が決めるのか――
　　　田代 豊・野波 寛・大友 章司・坂本 剛 ……… 61

文化遺産と観光ボランティアガイド
――今帰仁グスクを学ぶ会の活動から――
　　　卯田 卓矢 ……………………………………… 76

編者・執筆者紹介　90

序章　やんばると観光

大谷 健太郎

1．「やんばる」ということば

　「やんばる」ということばは，何を意味することばなのでしょうか。2016（平成28）年9月，やんばる国立公園が誕生し，その範囲の一部はUNESCO世界自然遺産候補地「奄美大島，徳之島，沖縄島北部及び西表島」の沖縄島北部に該当するとされています。沖縄県が2012（平成24）年に策定した沖縄21世紀ビジョン基本計画よると，沖縄本島（沖縄島）は那覇を含む南部，中部，北部，そして離島地域は宮古，八重山という5つの圏域の呼称があります。その沖縄県北部圏域は名護市，国頭郡である金武町，本部町，恩納村，宜野座村，今帰仁村，大宜味村，東村，国頭村，伊江村，島尻郡の飛び地となる伊是名村と伊平屋村の12市町村で構成される圏域です。この圏域は一般的には沖縄県北部地域や北部12市町村，または沖縄本島北部地域や沖縄島北部地域などと呼ばれていますが，やんばるという名称で呼ばれる場合もあります。

　すなわち，やんばるは一般的に北部地域または北部12市町村を指し示すと考えられますが，ガイドブックやマスメディア，観光者と住民でもその認識は一致せず，指し示す範囲は非常にあいまいです。この問題は，伊藤・大谷（2017）および大谷・伊藤（2017）に詳しく，山里（2016）によってもやんばるが持つ価値の変化が指摘されていますが，本書では概念定義に関する詳細な議論を避け，やんばるは「沖縄県北部地域」「北部12市町村」または「沖縄島北部地域」を指し示すものとします。本書が対象とする地域は沖縄県による北部圏域とし，文中ではやんばる，または北部地域という表記

を使用します。

2．やんばると観光

　1972（昭和47）年に沖縄県が日本に復帰し，1975（昭和50）年には沖縄国際海洋博覧会（以下，海洋博）が本部町で開催されました。海洋博の開催を契機として那覇空港や国道58号線のなど社会資本整備が進み，現在の北部地域は，美ら海水族館や世界遺産である今帰仁城跡など著名な施設や資源を有する観光地となっています。近年は，外国人観光客の増加を主な起因として沖縄県を訪問する観光客が大きく増加しており，那覇空港の滑走路増設や宿泊施設の建設，雇用の創出など沖縄県全体の経済を牽引しています。やんばるは，豊かな自然や希少な動植物，著名な観光施設などが存在し，外部から人を呼び込むという意味では豊富な観光資源を有する地域といえるでしょう。やんばる地域では，これまで日本政府をはじめ，沖縄県や県内自治体などによる観光振興策のもと，様々な観光事業が展開されています。しかし，観光客のさらなる増加や外国人観光客への対応，交通アクセスの充実，自然環境の分野における国立公園化や世界遺産登録の展望，自然環境保全など観光に関するトピックのみならず，地域の人口や税収の維持，経済活動，地域住民の暮らしやすさなど，地域に関する問題が多く存在します。

　そこで，本書では北部観光の全体像，海洋博を中心としたやんばる地域における観光の形成過程，観光資源の観点で捉えたマングローブ，観光資源としての自然環境の管理・保全のあり方，文化遺産と地域の関わり方という5つの視点から今後のやんばる地域の観光を展望していきます。

　「やんばると観光」という膨大な関連分野があるなかで，今回はあくまで一部のテーマではありますが本学観光産業専攻に所属する教員の教育研究活動および地域連携活動を通した成果をとりまとめることで，やんばる地域に資する観光のあり方の一端を考えていきたいと思います。

引用文献（五十音順）

伊藤孝行・大谷健太郎（2017）「「ヤンバル」小考」『沖縄文化』第 51 巻 1 号, pp.31-46

大谷健太郎・伊藤孝行（2017）「「ヤンバル」続考」『沖縄文化協会 2017 年度第 2 回東京公開研究発表会要旨集』

山里勝己（2016）「〈切っ先〉としての「やんばる」―場所の視点から」, 名桜大学編『文学と場所』名桜大学やんばるブックレット①, pp.5-20, 沖縄タイムス社

北部地域における観光の現状と全体像

大谷 健太郎

1．本章の目的と内容

　まず，北部地域の観光を考える上で必要な現状や実態を整理したいと思います。限られた紙幅の関係上，北部地域の地域特性や観光の現状を網羅するのではなく，人口や観光に関わる基礎統計，北部地域を訪問した観光客の実態，現在施行されている観光政策や観光に関係する計画という3点を簡潔に整理する形で北部地域における観光の現状と全体像を概観していきます。

2．北部地域における活動としての観光の実態

　ここでは，北部広域市町村圏事務組合と筆者らが調査した観光客の北部地域入域率を用いた観光者数推計，沖縄県が公表している受入れ可能な宿泊収容人数と人口を用いて，地域における観光の実態を把握するひとつの考え方であるツーリスト機能指数という指標で北部地域の観光の実態を考えます。

(1) 人口と宿泊収容人数からみたツーリスト機能指数

　北部地域の人口は2018年2月現在の推計人口で約12万9千人となっています。これは沖縄県全体の約9％を占める数値で，中心都市の名護市の人口は約6万2千人となっています。また，地域における受入れ可能な宿泊収容人数は，その地域における観光の実態，または産業としての規模や位置づけなどを表すと考えられることから，ドゥフェールのツーリスト機能指数という指標が用いられる場合があります[1]。本稿でも地域における観光の実態を表す指標のひとつとして取り上げ，北部地域の推計人口と受入れ可能な宿

表1 北部地域における人口、宿泊収容人数、ツーリスト機能指数

地域 市町村	平成30年1月 人口（人）	割合（%）	平成20年10月 増減（%）	人口（人）	宿泊収容人数（人）	ツーリスト機能指数
沖縄県全体	1,447,149	100.0%	105.0%	1,377,709	111,982	7.7
北部地域	128,975	8.9%	100.5%	128,291	32,560	25.2
中南部地域	1,199,531	82.9%	106.2%	1,129,344	49,524	4.1
中南部都市	957,795	66.2%	105.5%	907,999	40,744	4.3
那覇市	319,136	22.1%	101.8%	313,569	32,033	10.0
名護市	62,317	4.3%	102.6%	60,734	6,903	11.1
金武町	11,306	0.8%	104.2%	10,849	268	2.4
本部町	13,274	0.9%	94.3%	14,069	4,799	36.2
恩納村	10,706	0.7%	110.0%	9,730	15,272	142.6
宜野座村	5,686	0.4%	109.3%	5,201	531	9.3
今帰仁村	9,426	0.7%	100.1%	9,412	1,656	17.6
大宜味村	2,992	0.2%	91.5%	3,269	115	3.8
東村	1,642	0.1%	92.7%	1,772	265	16.1
国頭村	4,781	0.3%	89.9%	5,318	1,127	23.6
伊江村	4,172	0.3%	85.3%	4,892	482	11.6
伊是名村	1,466	0.1%	90.0%	1,629	513	35.0
伊平屋村	1,209	0.1%	85.4%	1,416	513	42.4

出所：沖縄県推計人口、沖縄県（2017d）を参考に作成

泊収容人数を用いてツーリスト機能指数を算出します。

ツーリスト機能指数はPearce（1995，内藤訳2001）に詳しく、ツーリストの活動やツーリストの集中度を表す指標と考えられています。ツーリスト機能指数 $T(f)$ の算出式は以下の通りです（式1）。

$$T(f) = (N * 100)/P \quad (式1)$$

ここで，N=ツーリストが利用可能なベッド数（宿泊収容人数），P=住民人口

人口が多い地域の場合，多数ある経済活動の一つとして指数は低くなる傾向があるものの、$T(f)$ の数値が10以下であれば小規模なツーリスト活動，40を超えると有力な観光地域，100を超えると大型観光リゾートという位置づけになり、経済活動における観光の重要度を相対的に把握することがで

きます。北部地域の T(f) の数値から北部地域においては恩納村が大型の観光リゾート地域であることが分かります。

(2) 訪問率と北部地域入域率を用いた観光客数推計

これまで，北部地域全体の明確な観光客数は公表されていません。主な観光施設や観光地に訪れた人数を把握し，入込観光客数を算出する全国統一の方法もありますが，ここでは，筆者らが分析した北部広域市町村圏事務組合（2017）の算出方法で推計した北部地域における観光客数を整理していきます。

まず，沖縄県の観光統計実態調査における地域の訪問率は，やんばる最北部や北部西海岸，本部半島などといった区分であり複数回答の延べの数値で示されています。2016（平成28）年の本部半島の訪問率は約31％，北部西海岸で約28％，北部東海岸で約8％，やんばる最北部の訪問率は約6％となり，訪問率に沖縄県全体の観光客数を掛け合わせることで北部を訪問した観光客数を推計します（表2）。

表2　訪問率を用いた推計観光客数

単位：人、％

訪問地域	H26年度		H27年度		H28年度	
	観光客数	訪問率	観光客数	訪問率	観光客数	訪問率
沖縄県全体	7,169,900	100.0	7,936,300	100.0	8,769,200	100.0
本部半島	2,660,033	37.1	3,015,794	38.0	2,727,221	31.1
北部西海岸	2,193,989	30.6	2,515,807	31.7	2,437,838	27.8
北部東海岸	595,102	8.3	674,586	8.5	710,305	8.1
やんばる最北部	602,272	8.4	531,732	6.7	526,152	6.0

出所：北部広域市町村圏事務組合（2017）をもとに平成26年度から平成28年度の観光統計実態調査報告書を使用し筆者作成

表2から，本部半島を訪れた観光客は約273万人ということがわかるのですが，これらを合計しても北部全体の観光客数の実数を表している数値に

はなりません。そこで，沖縄県観光実態調査における回答者数から筆者と北部広域市町村圏事務組合が推計した北部地域入域率を用いて北部地域を訪れた観光客数を考えてみます。ここでの北部地域入域率とは，北部地域を訪れたことがあると沖縄県観光実態調査で回答した者の割合を意味します（表3）。

表3　北部地域入域率を用いた北部地域入域観光客数

H27北部入域率	北部地域訪問者	回答者全体	割合
	2,104	4,232	51.1%

推計観光客数	北部入域率	H28年全体	北部入域観光客数
	51.1%	8,769,200	4,481,061

出所：北部広域市町村圏事務組合（2017）のデータを更新し作成

　平成27年度沖縄県観光実態調査における回答者は4,232名，そのうち北部地域を訪れたことがあると回答した者は2,164名で，その割合51.1％が北部地域の入域率となります。その北部地域入域率に平成28年度全体の観光客数876万9千人を乗じることで，少なくとも北部地域を訪れた観光客数を簡易的に推計することが可能となります。

　この推計方法からは，2016（平成28）年度に北部地域へ入域した観光客は全体の約半数にのぼる約448万人であることがわかります。ただし，沖縄県観光実態調査は日本人の回答者に限定されており，沖縄県全体の観光客数ではなく日本人観光客数を乗じることも考えらますので，あくまで参考値として捉えることが必要です。

3．北部地域を訪問した観光客の実態
（1）北部地域を訪問した観光客へのアンケート調査結果
　北部広域市町村圏事務組合（2017）は，沖縄県（2016）などで公表されている実態調査のデータやWebアンケート結果を用いて，北部地域を訪れ

た観光客の実態と地域経済における観光産業の位置づけを明らかにしています。この北部広域市町村圏事務組合と筆者らが実施した観光連携事業の観光客Web調査では，北部地域の訪問歴を持つ人を対象とし，消費額や観光目的，観光資源および観光施設の認知度と関心度，「ヤンバル」の認知度などのアンケートで825票の回答を得ています[2]。

ここでは，北部地域を訪れた観光客の実態を把握するため，北部広域市町村圏事務組合（2017）を参考に北部地域への訪問回数（表4），北部地域での宿泊数（表5），同行者（表6），北部地域での利用交通機関（表7），訪問観光地および観光施設（表8）とその情報源（表9），北部地域での活動内容と今後の希望（表10），認知度および関心度（表11），北部観光の満足度（表12）のアンケート結果から北部観光の実態を探ります。なお，表中

表4　北部地域への訪問回数

	単一回答	N	%
1	1回	394	47.8
2	2回	195	23.6
3	3回	92	11.2
4	4回	34	4.1
5	5回以上	110	13.3
	全体	825	100.0

表5　北部地域での宿泊数

	単一回答	N	%
1	1泊	202	24.5
2	2泊	200	54.2
3	3泊	108	13.1
	4泊	32	3.9
	5泊	7	0.8
	6泊	7	0.8
4	7泊以上	0	0
5	北部地域には宿泊していない	269	32.6
	全体	825	100.0

表6　直近で北部地域を訪れた際の同行者

	単一回答	N	%
1	1人	63	7.6
2	夫婦	245	29.7
3	子ども連れ家族	197	23.9
4	三世代家族	49	5.9
5	その他家族	46	5.6
6	友人・知人	124	15.0
7	恋人	59	7.2
8	仕事仲間	28	3.4
9	地域などの団体	5	0.6
10	その他	9	1.1
	全体	825	100.0

表7　北部地域内で利用した交通機関

	単一回答	N	%
1	路線バス	34	4.1
2	観光バス	119	14.4
3	タクシー	44	5.3
4	レンタカー	658	79.8
5	自家用車・公用車	17	2.1
6	自転車	7	0.8
7	その他	4	0.5
	全体	825	100.0

における網掛けは各項目の上位3つを意味しています。

　北部地域への訪問回数は1回が約半数で，5回以上訪れたことのある人も13.3％となり，2回以上のリピート率は52.2％であることがわかります。また，北部地域での宿泊数は約半数が1泊2泊であり，単純な平均宿泊数は1.37泊となり，泊数は少ないことがうかがえます。

　北部地域を訪れた際のもっとも多い同行者は夫婦，子ども連れという家族でした。家族の形態のような個人観光客が増えるなかで，最も多く使われた交通機関もレンタカーでした。

　北部地域を訪れた際の訪問先は美ら海水族館で51.8％，万座毛で49.2％となり，観光客の約半数が二つの著名な観光地を訪れているということが数値でも確認することができました。その他では，道の駅許田や青の洞窟，比地大滝などが訪問先にあがりました。

　古宇利島や今帰仁城跡，パイナップルパーク，辺戸岬などの訪問率も高いことから，上位二つの観光地を結ぶ観光ルートが北部の基幹であることもあらためて確認できます。

　北部地域内の観光施設等の情報源でもっとも多かったのは旅行ガイドブックや雑誌となりました。しかし，質問項目はWebページの詳細を聞いているので，Webに関する項目を合計すると約60％，旅行会社の項目を加えると約90％

表8　直近で北部地域を訪れた際の訪問先

	複数回答	N	％
1	辺戸岬	143	17.3
2	道の駅ゆいゆい国頭	81	9.8
3	芭蕉布会館	31	3.8
4	道の駅おおぎみ	71	8.6
5	慶佐次のマングローブ林	61	7.4
6	つつじエコパーク	27	3.3
7	今帰仁城跡	235	28.5
8	古宇利島	322	39.0
9	海洋博公園（美ら海水族館含む）	427	51.8
10	備瀬フクギ並木	76	9.2
11	ナゴパイナップルパーク	233	28.2
12	ひんぷんガジュマル	18	2.2
13	万座毛	406	49.2
14	真栄田岬	114	13.8
15	松田鍾乳洞	40	4.8
16	道の駅ぎのざ	58	7.0
17	ネイチャーみらい館	27	3.3
18	新開地（金武町市街地）	14	1.7
19	伊江島	59	7.2
20	伊是名島	13	1.6
21	伊平屋島	8	1.0
22	その他	39	4.7
	全体	825	100.0

表9　北部地域内の観光施設等の情報源

複数回答	N	%
1 旅行ガイドブックや雑誌	552	66.9
2 旅行会社のホームページ・パンフレットや窓口	225	27.3
3 テレビやラジオの番組インターネット	78	9.5
4 おきなわ物語（沖縄観光コンベンションビューローのHP）	54	6.5
5 旅行協会や行政のホームページ	136	16.5
6 宿泊施設や観光施設などのホームページ	160	19.4
7 旅行記などの個人のホームページ・ブログ	101	12.2
8 家族や友人の情報	155	18.8
9 現地（宿泊施設や観光施設など）の直情報	87	10.5
10 その他	17	2.1
11 特に情報収集はしなかった	49	5.9
全体	825	100.0

を超えることになります。ただ，今後の北部地域の情報提供手段として，「旅行ガイドブックや雑誌」が有効な手段であるともいえるのではないでしょうか。

表10　北部地域を訪れた際の活動内容と今後の希望

複数回答	実際	希望
1 観光地めぐり	79.8	76.4
2 保養・休養	28.4	41.1
3 海水浴・海浜リゾートを楽しむ	23.5	38.7
4 ダイビング	7.2	12.6
5 ゴルフ	1.9	4.2
6 釣り	1.9	5.2
7 スパ・エステ	1.6	3.8
8 スポーツ大会等	1.3	1.9
9 エコツアー	2.1	6.8
10 キャンプ	1.6	4.7
11 イベント・伝統行事	0.7	0.4
12 ショッピング	11.6	13.1
13 沖縄ならではの料理を楽しむ	32.4	43.2
14 文化・歴史めぐり	18.4	33.0
15 新婚旅行	3.0	1.5
16 ウエディング	1.6	0.7
17 会議・研修旅行	1.5	0.4
18 仕事	1.0	—
19 帰省・親戚などの訪問	0.5	—
20 その他	3.8	2.1
全体	100.0	100.0

北部地域を訪れた際の活動内容と今後の希望については観光地めぐり，沖縄ならではの料理を楽しむ，保養・休養が両者とも高い割合で，今後の希望としては海水浴・海浜リゾートを楽しむと文化・歴史めぐりが比較的高い割合となりました。保養や海浜，文化，歴史など北部地域ならではの魅力を生かした対応策が重要になってくることを表しています。

北部地域の観光に関する認知度は，万座毛の74.8％がもっとも高く，道の駅許田，瀬底島などが高

い認知度を示しました。北部地域全体の実態調査という理由から各市町村2か所ずつの選択肢であったので，明らかに著名な美ら海水族館は省略されています。

一方の関心度は認知度と同じく万座毛がもっとも高かったが，天の岩戸伝説という説明を加えた選択肢である伊平屋村のクマヤ洞窟，宜野座村の松田

表11　北部地域の観光に関する認知度と関心度

	複数回答	認知度	関心度
1	【恩納村】万座毛	74.8	56.5
2	【恩納村】農水産物販売センター「おんなの駅なかゆくい市場」	20.8	16.2
3	【金武町】ネイチャーみらい館／億首川プロムナード	6.4	8.2
4	【金武町】新開地（金武町市街地）	7.0	6.2
5	【宜野座村】松田鍾乳洞	9.9	22.7
6	【宜野座村】道の駅ぎのざ	14.3	11.9
7	【名護市】「道の駅」許田やんばる物産センター	32.2	20.7
8	【名護市】わんさか大浦パーク（名護市二見以北地域交流拠点施設）	6.8	9.2
9	【名護市／今帰仁村】屋我地島／ワルミ大橋	19.9	14.8
10	【今帰仁村】今帰仁の駅「そーれ」	12.7	9.6
11	【今帰仁村】道の駅「リカリカ　ワルミ」	5.8	7.2
12	【本部町】円錐カルスト	5.6	15.8
13	【本部町】瀬底島	21.5	21.5
14	【本部町】やんばる道の駅	17.8	22.4
15	【大宜味村】芭蕉布会館	4.8	6.9
16	【大宜味村】道の駅おおぎみ	13.3	10.1
17	【東村】渡慶次川／東村ふれあいヒルギ公園／渡慶次のマングローブ林	9.2	12.1
18	【東村】東村特産品加工直売所「サンライズひがし」	4.4	5.3
19	【国頭村】やんばる学びの森	14.4	17.2
20	【国頭村】ヤンバルクイナ生態展示学習施設	13.5	18.5
21	【国頭村】道の駅ゆいゆい国頭	12.1	11.9
22	【伊江村】ゆり祭り	4.0	11.4
23	【伊江村】伊江島タッチュー	7.2	8.2
24	【伊江村】伊江島物産センター	8.8	10.7
25	【伊是名村】伊是名城跡、尚円工（金丸）の像　統合	5.0	11.0
26	【伊是名村】銘苅家住宅（琉球王国の関連、国指定重要文化財）	5.0	10.4
27	【伊是名村】伊是名村観光物産センター（しまぬ売店）	3.5	6.9
28	【伊平屋村】クマヤ洞窟（「天の岩戸伝説」最南端地ともいわれる聖地）	6.4	23.3
29	【伊平屋村】ムーンライトマラソン	3.4	6.3
30	【伊平屋村】伊平屋村ぎょぎょう直売店	2.8	8.4
31	【その他】地域の一部が国立公園に指定され、世界遺産登録を目指している	8.4	17.0
32	この中に知っているものはない	13.6	—
	全体	100.0	100.0

鍾乳洞など知名度は低いものの関心度の高い観光地が多くあることが示されました。

また，北部地域の満足度は全体の82.8％と高い満足度を示しました。その理由としては，きれいな海や景色など自然が満喫できた，のんびり過ごせた，などの回答が多くあげられました。満足の理由にあげられた特徴を残しつつ，満足してもらえなかった17.2％の回答を少しでも小さくする対策が必要となるでしょう。

表12　北部観光の満足度

単一回答		N	％
1	満足　　　　理由【　　】	683	82.8
2	どちらでもない　理由【　　】	120	14.5
3	不満　　　　理由【　　】	22	2.7
	全体	825	100.0

(2) 北部地域を訪問した観光客の実態

ここまで，筆者と北部広域市町村圏事務組合が行ったアンケート結果をまとめてきました。さいごに，各質問項目の上位回答を抜き出し，沖縄県北部地域を訪問した観光客の特徴を整理したいと思います（表13）。また，その際に沖縄県全体と外国人観光客の特徴も参考として掲載しますが，調査方法や質問項目が異なるため，あくまで比較資料としてください。

表13　観光客の主な特徴

区分 主な項目	北部地域の推計 日本人	沖縄県（2017c） 日本人	沖縄県（2017e） 外国人
観光客数	4,481,061人	6,640,100人	2,129,100人
宿泊数	1.37泊	2.78泊	3.71泊
旅行内容	観光地めぐり	観光地めぐり	都市観光・街歩き
希望	観光地めぐり	—	海水浴・マリンレジャー
同行者	夫婦	1人	家族・親族
利用交通機関	レンタカー	レンタカー	レンタカー
情報源	旅行ガイドブックや雑誌	家族や友人・知人等の紹介	個人のブログ
満足度	82.8％	97.9％	95.0％

出所：北部広域市町村圏事務組合（2017）、沖縄県（2017c）、沖縄県（2017e）を参考に筆者作成

4. 北部地域の観光に関する政策および施策の概要と方向性

　北部地域すべての観光政策と施策を網羅することは困難ですので，本稿では沖縄県の政策における北部地域の位置づけ，主な個別市町村については近年取りまとめられた地方創生にもとづく総合戦略の方向性から概観することにします。

(1) 沖縄 21 世紀ビジョンおよび沖縄 21 世紀ビジョン基本計画
　2010（平成 22）年 3 月に策定された沖縄 21 世紀ビジョンでは，「克服すべき沖縄の固有課題と対応方向」の「大規模な基地返還とそれに伴う県土の再編」において各圏域の機能整備の方向性が示されています。そこには，4 つの圏域について「大規模な基地返還が予定されている中南部都市圏をはじめ，北部圏域，宮古圏域，八重山圏域がそれぞれの特性を活かしつつ，相互の連携を図るとともに，アジア諸国との活発な国際交流・貢献を通して，持続可能な発展を目指す。」と記載されています（沖縄県（2010），pp.30-33）。北部圏域は，国立公園や世界自然遺産登録等を推進するなど自然環境を保全するとともに，国際的な学術研究とリゾート地の構築を図るとされています。

　沖縄 21 世紀ビジョンをもとに，沖縄振興計画として 2012（平成 24）年に策定された沖縄 21 世紀ビジョン基本計画（沖縄振興計画）は，2021（平成 33）年度までの計画期間でありましたが，2017（平成 29）年 5 月に計画が改定されました。圏域については県土全体としての圏域間の連携に加えて，圏域別展開の基本方向が示されています。

　北部圏域は約 10 ページにもわたり現状と課題，施策展開の基本方向が示されていますが，本稿では紙幅の関係から観光を中心に整理した表を示します（表 14）。

　表 14 をみると，キーワードは自然，文化，観光となり，産業振興の中心に観光が位置づけられていることから自然と観光，文化と観光という方向にスポーツと観光なども加えて地域特性を生かした観光という方向性がわかり

表14　沖縄21世紀ビジョン基本計画における北部圏域の基本方向

〈特性からの位置づけ〉
- 沖縄本島の重要な水源地であり，優れた自然環境を有することから圏域外から訪れた人たちに自然と触れあう場を提供
- 美しい自然海岸を有し，沖縄を代表する観光リゾート地
- 琉球王朝に関係する伊是名島や世界遺産の今帰仁城跡，大宜味村喜如嘉の芭蕉布など，歴史的および文化的に優れた資源を有する地域

〈課題〉
- 中心市街地の衰退や若年者の郊外移動などによる都市の活力低下
- 医療を中心とした地域の実情に応じた定住条件の整備や産業振興
- 圏域面積の約15％が米軍施設・区域であること
- 自然環境の保全と持続的な利活用の両立による地域振興

〈観光，観光産業の振興に関する主な基本方向〉
- エコツーリズムや民泊など体験参加型観光による地域と密接に連携した観光スタイルの充実
- 関係機関と連携によって，離島を含む広域周遊ルートの形成，歴史および文化を生かした他圏域との広域的な連携による多様な周遊ルート開発，受入環境の整備を図る
- 地域の魅力開発と受入体制の充実を推進するため地域人材の育成
- 西海岸，リゾート施設，教育研究機関と連携したMICEの推進
- スポーツアイランド沖縄の形成に向けて，スポーツ指導者などの人材育成も含めた環境整備の促進
- 沿道景観整備やまちなみ景観創出など，個性豊かな風景づくりの推進
- 共同売店や都市農村交流拠点施設などを活用して地域の人々とのふれあいや地域の魅力を発掘・発信する取組の促進
- 国内外からの観光客の増大や観光の高付加価値化などに対応するため，観光地形成促進地域制度を活用した観光関連施設の整備促進

〈その他の主な基本方向〉
- 自然環境の保全と適切な利用の推進，先駆的なエネルギーの活用による循環共生型社会の構築
- 農山漁村地域においてグリーンツーリズム等による交流体験および滞在拠点を形成し，観光産業等との連携や農林水産業の多面的機能の強化
- 地域特性を生かした特産品等の発信拠点の形成を図り，生産者，企業，住民など多様な主体による地域活性化に向けた取組の促進
- 日常生活に必要不可欠な交通手段及び医療等の住民サービスを確保
- 教育環境の充実を図るとともに地域の活力を支える人材の養成および確保

出所：沖縄県（2017a），pp.134-143を参考に筆者作成

ます。

(2) 第5次沖縄県観光振興基本計画

　第5次沖縄県観光振興基本計画は2012（平成24）年に策定され，計画期間は2021（平成33）年度までの10年間ではありますが2017（平成29）年3月に改定されています。第5次沖縄県観光振興基本計画は沖縄21世紀ビジョンの基本方向が上位計画となるので，将来像実現の核となる3要素として「自然」「文化」，安全・安心・快適性実現のための「人・環境」が掲げられています。これらの将来像を実現するための施策の基本方向として多様で魅力ある観光体験の提供，基盤となる旅行環境の整備，観光産業の安定性確保，効果的なマーケティング，推進体制の再構築の5項目に加え，圏域別の基本方向も示されています。

　北部圏域の基本方向は，上位計画である沖縄21世紀ビジョンの基本方向を受けて，より具体的な地区や施設整備などの施策が示されています。

　MICE（Meeting, Incentive Travel, Convention, Exhibition/Event）や滞在型観光などは誘客に関する全県的な施策でありますが,西海岸地域や金武湾，海洋博公園，本部港などの具体的な地域が明示されています。そのなかで，

表15　第5次沖縄県観光振興基本計画における北部圏域の基本方向

〈具体的な地区や施設整備などの施策〉
・金武湾の特性や自然，文化を活かした健康保養をテーマとした滞在型観光や海洋レジャーなどの取組を促進
・国営沖縄記念公園海洋博覧会地区(海洋博公園)の拠点機能の充実に向け，新たな観光ルート形成など各地域や関係機関と連携した取り組みを促進
・ブセナ地区や恩納村海岸線に代表される西海岸地域,カヌチャ地域等のリゾート施設と万国津梁館の活用
・沖縄科学技術大学院大学をはじめ県内外の研究教育機関等と連携した学術会議などのMICEを推進
・本部港では，国際クルーズ拠点を形成するため官民連携によって20万トンのクルーズ船の受入れに向けたハード・ソフト両面の取り組みを促進

出所：沖縄県（2017b），pp.61-62を参考に筆者作成

とくに圏域内外の連携が強調されています。

(3) まち・ひと・しごと創生総合戦略における観光振興

　首相官邸ウェブページには，「人口急減・超高齢化という我が国が直面する大きな課題に対し，政府一体となって取り組み，各地域がそれぞれの特徴を活かした自律的で持続的な社会を創生することを目指します」とあり，日本が直面する課題の中でも人口減少と高齢化を重視し，その解決のために仕事の創出や暮らしの改善を目指していることが伺えます。2014（平成26）年，内閣に「まち・ひと・しごと創生本部」が設置され，日本の人口の現状と将来の姿を示し，今後目指すべき将来の方向を提示する「まち・ひと・しごと創生長期ビジョン（長期ビジョン）」，さらに今後5か年の目標や施策や基本的な方向を提示する「まち・ひと・しごと創生総合戦略（総合戦略）」が作成されました。これを受けて地域は地方版の人口ビジョンと総合戦略の策定を行うことになりました。

　その後，基本目標や重要業績評価指標（KPI：Key Performance Indicator）の達成状況や施策の見直し経て改訂されています。まち・ひと・しごと創生本部（2014）における施策の方向では「地方にしごとをつくり，安心して働けるようにする」「地方への新しいひとの流れをつくる」「若い世代の結婚・出産・子育ての希望をかなえる」「時代に合った地域をつくり，安心なくらしを守るとともに，地域と地域を連携する」という4つの政策パッケージが示されています。ただ，まち・ひと・しごと創生本部（2017）はアクションプランの要素も持つと考えられ，4つの政策パッケージの詳細として具体的な施策が多く明記されています。

　まち・ひと・しごと創生本部（2017）で「観光」という語句を検索すると77となります。その大半の66が施策の方向および政策パッケージの「地方にしごとをつくり，安心して働けるようにする」で使用され，観光または観光振興などが「仕事」を作り出す役割を担い，地域での好循環を生み出す中核に位置づけられていることがわかります。

（4）北部地域における地方版総合戦略と観光振興

　次に，まち・ひと・しごと創生本部（2014）を受けて作成された北部地域の地方版総合戦略（2016（平成28）年）における観光の方向性を概観していきます（表16，表17，表18）。

　沖縄県に加え，北部地域でも12市町村すべてが地方版の人口ビジョンと総合戦略を策定しました。各市町村とも国による方針に従い，総じて「しごとの創生」の柱の一つに観光を位置づけて地域の好循環を目指す内容になっています。とくに，自然や文化，歴史などの地域特性を生かした観光振興と受入環境の整備が基本となっており，国頭村や大宜味村，東村，今帰仁村，恩納村などが顕著に見受けられます。宜野座村や名護市は情報産業誘致など観光産業以外の産業振興も明記されています。

　また，いくつかの市町村の総合戦略では，産業と教育研究機関，行政などの産学官連携で人材育成および産業の活性化に取り組むため，健康・教育環境の充実（大宜味村）や県内外の大学等との連携による地域の課題解決と滞在型観光および地域活性化の推進（宜野座村）など，名桜大学の位置づけや期待する内容が具体的に示されています。

　本稿では北部地域における総合戦略の内容を詳細に示すことができませんでしたが，観光を核として交流人口を増加させ，消費と雇用による循環で子育てや暮らしやすさを改善し，移住による定住も増加させる形になっています。各自治体は，地元企業等と連携し，若い世代の就職率を高めることでUターンやIターン者を問わず地域で暮らしたいという希望を実現し，生活環境を支援する施策を推進していくことが大きな方針です。観光産業のみならず，観光産業が基点となり第一次産業や他産業など複数の産業が連関しあう形，そして市町村ごとに策定するという国の方針とはいえ，本来は北部地域全体の具体的な連携策を明示することが望ましいのではないでしょうか。

　すなわち，本章の5で後述するように，各市町村とも地域ごとの誘客策

表16 北部地域の地方版総合戦略における観光の方向性①

市町村名	基本方向	観光の方向性
恩納村	村の特性を活かした魅力あるしごとを創出，村への人の流れをつくる，若い世代の結婚・妊娠・出産・子育ての希望をかなえる，地域が連携した住民主体のむらづくり	・強みである観光産業を中心に農業や漁業などの自然資源を活かした産業振興 ・優位性を活かした企業誘致 ・地域資源を活かした観光の振興(リゾートウエディング，万座毛周辺活性化施設の整備など)
金武町	魅力を活かした雇用の場を創出，ひとの流れを受け入れる基盤をつくる(定住人口と交流人口増加の環境整備)，町民の結婚・出産・子育ての希望をかなえる，特性を活かした豊かなまちづくりを推進	・観光振興協議会の設置(金武町版DMOの主体となる組織)と広域連携 ・観光施設や公共施設，文化財等のサイン等の整備および多言語化，ICT環境の整備など観光振興に向けた基盤整備 ・町内のスポーツ施設や地域資源を活かしたプロスポーツキャンプなどの誘致
宜野座村	特性を活かした「しごとの創出」とチャレンジの場づくり，ブランド力の向上による交流・観光の推進と移住・定住の促進，健康・ひと・協働のむらづくり，広域連携による暮らしの向上とむらの魅力づくり	・地域ブランド化と効果的な情報発信 ・道の駅ぎのざ関連施設の整備 ・着地型観光の推進，観光案内ガイド養成と認定制度創出，観光イベントの開催 ・観光プログラムの開発と自然の恵みを活かした商品開発・特産品づくりの推進
名護市	しごとをつくり，安心して働けるようにする，経済規模の拡大，新しいひとの流れをつくる，結婚・妊娠・出産・子育ての希望をかなえる，時代にあった地域をつくり，広域連携を推進する	・やんばる観光の拠点・名護の推進 ・空き家活用に向けた取り組み，まちなか散策ツアーなど特色ある体験型観光，地元産品を活用した観光の推進 ・効果的な広域観光プロモーション ・レンタサイクルやコミュニティバス等，誘客のための交通インフラの整備 ・観光関連学科等での観光人材の育成

出所：各市町村の『まち・ひと・しごと創生総合戦略』を参考に筆者作成

表17　北部地域の地方版総合戦略における観光の方向性②

市町村名	基本方向	観光の方向性
今帰仁村	強みを活かし産業と安定した雇用を創出，魅力を活かし新しいひとの流れをつくる・呼び戻す，安心して子育てができる環境を創出，時代に合った地域をつくり安心なくらしを守る，地域の連携	・観光関連施設や拠点等の整備，周辺自治体と連携した広域観光施策の推進，地域企業等による観光関連分野への参入 ・自然や歴史文化を活かした観光振興，ICT技術を活用した情報発信，村内の観光を担う人材の育成と確保，観光プロモーション活動の充実，国内外の地域間の交流と国際交流の充実
本部町	若者の定住化につながる地域経済の強化を目指し，魅力ある就業環境の創出，自然環境や暮らしやすさなどの魅力を広く発信して移住定住のための受入体制を構築，若い世代の結婚・出産・子育て環境の創出，誰もが住みやすい住環境の創出	・基幹産業や地場産業への育成・支援 ・北部圏域の観光拠点地域と連携した観光振興の強化，グリーンツーリズム・ブルーツーリズム，地域住民の参画による体験・交流型観光の推進 ・健康保養型観光推進事業の継続的実施の検討，既存観光事業従事者の能力向上
大宜味村	産業振興による「活力あるむら」づくり，地域資源を活かした「魅力あるむら」づくり，子育て世代が「いきいき輝くむら」づくり，地域と地域を連携し「豊かで住みよいむら」づくり	・豊かな自然を活かした各種ツーリズムの強化や新規ツーリズムの開発 ・民泊事業推進，観光ＰＲ動画配信事業 ・世界自然遺産の登録に向け，観光受入体制の強化と近隣市町村との連携 ・学校跡地等の活用も視野に入れた，観光拠点施設や宿泊施設の整備
東村	東村の特徴・資源をいかした「しごと」の創出，東村の持つ魅力をいかした観光・交流の活性化と定住促進による「人の流れ」を推進，東村で安心して子どもを産み育てる環境の充実，東村に愛着を持ち，住み続けられる「むら」の形成と定住促進，「４つの分野」に関する共通の施策として，情報発信の強化	・新たなツーリズムに関する人材育成 ・ブルー・グリーンツーリズムの推進 ・東村の特産品を使用した新商品数の増加，東村果実酒特区推進事業の推進 ・森林・ダムツーリズム等の推進 ・バイクツーリング客（オートバイ・自転車）誘客促進事業 ・スポーツ交流・合宿支援事業

出所：各市町村の『まち・ひと・しごと創生総合戦略』を参考に筆者作成

表18 北部地域の地方版総合戦略における観光の方向性②

市町村名	基本方向	観光の方向性
国頭村	自然を愛し活かした「しごと」の創生，地域資源を活かした交流や移住やUターン等を促進，新たな「ひと」の流れを生むことで「まち」に活力を取り戻す	・しごとの創生を基幹産業である一次産業や飛躍の可能性を秘める観光産業と定める（6次産業の振興） ・国立公園，世界自然遺産登録を見据えた地域のブランド力の強化，エコツーリズム，体験・滞在型観光を推進 ・地域の共同売店等を活用した交流機会の創出
伊江村	働きがいのある仕事の創出（産業・雇用），伊江村に人の流れをつくる（交流・定住），安心・安全な暮らしを支える地域づくり（住環境・医療保健），出会い・結婚・出産・子育ての希望を叶える（子育て支援・教育）	・地場産業の振興による伊江島ブランドの構築および6次産業化の推進 ・伊江村の魅力情報発信事業，ICTを活用した観光アプリ開発の推進，夏場の観光客誘致に向けたプロモーション活動 ・民家体験泊誘致促進事業，スポーツ・ツーリズム促進事業の推進 ・外国人観光客の誘客や受入に向けた人材育成，商品開発の強化・販売促
伊是名村	豊かな生活を築く農林水産業の振興，新たな未来をひらく観光業等の振興，結婚・子育てセーフティネットの充実，定住環境の整備・充実	・沖縄らしい特有の景観形成を生かした琉球歴史ロマン街道や古民家の修復や復元（観光資源の活用） ・スポーツ環境づくり（健康増進およびモータースポーツの活用検討） ・ICTの充実による産業や観光におけるPRやマーケティング戦略 ・空路実現と架橋建設計画への期待
伊平屋村	里山・海を活用した産業文化の振興と雇用創出，女性と若年者の活躍促進と新しい人の流れ互いに支え合う地域コミュニティの継承と社会環境の整備	・農林水産業活性化と6次産業化の推進 ・民泊事業と体験メニューの拡充など観光産業の振興による交流人口増大 ・里山・海の文化を基軸に据えた地域振興と人材育成および雇用促進 ・里山・海の資源を活用した商品開発 ・伊是名村との連携による観光交流振興

出所：各市町村の『まち・ひと・しごと創生総合戦略』を参考に筆者作成

が中心の観光施策で，北部地域を一つの地域に見立てた連携策の具体性が弱い傾向にあるといえます。もっとも，観光振興の核は誘客による消費と地域内での循環であるので，地方版の総合戦略は国の方針に適合しているとみることはできます。筆者は宜野座村と今帰仁村の総合戦略策定の委員を務めましたが，総合戦略に国の方針が強くあることによって内容では他の周辺地域との差は少ないだろう，という感覚がありました。また，伊藤・大谷（2017）および中園・大谷（2017）でも指摘されているように，北部地域全体で連携する際のキーワードである「やんばる」ですら全体での意識統一は図られておらず，地域および関係機関の連携には大きな課題が残っているといえるでしょう。

5. 北部地域の観光に関する一般的課題

序章では，観光客のさらなる増加や外国人観光客への対応，交通アクセスの充実，自然環境の分野における国立公園化や世界遺産登録の展望，自然環境保全に加え，地域の人口や税収の維持，経済活動，地域住民の暮らしやすさなど，地域全体に関する問題を指摘しました。本章で概観してきたように，北部地域における観光の課題を端的に一文で表現するならば，自然環境に配慮しつつ資源を活用し，保全と開発のバランスを最大限に考慮した観光振興を連携によって行う，ということになるでしょう。そこには，環境を維持できる地域の収容力，住民が認識する観光許容量[3]，魅力的なコンテンツの提供による観光消費と税収効果を中心とした経済効果の多寡という総合的な評価が必要です。

このことに加えて，本章の4で述べた北部地域の総合戦略に示されている地域特性と観光資源を最大限に活用するという観点からは，もっとも基礎的な類型である自然景観系資源および人文景観系資源[4]の活用のあり方を検討することが重要であると考えられます。

そのために，本書の以降の章では，歴史的な観点を確認するために北部地域の観光の形成過程，自然景観系資源としてマングローブ，自然環境の管理

および保全における課題，人文景観系資源活用のひとつのあり方として文化遺産におけるボランティアガイドの課題という4つの視点から北部地域の観光を考えていきたいと思います。

注
1) 額賀（2008）では，実際に宿泊した年間宿泊数と地域人口の関係からみた観光度指数を提案しています。
2) 通年での対面式観光客調査は時間と費用の観点から困難であり，Web調査は次善の策という側面も持っています。また，調査目的がモニターに伝わらないように「趣味・旅行に関するアンケート」と称し，20,000回答からのスクリーニングによって北部地域への訪問経験がある回答を800サンプル，年齢の均等を考慮した形で最終的には825票の有効票を回収しました。
3) 観光庁および名護市の事業に基づいた大谷（2015）や大谷研究室（2018）などを参照してください。
4) 小谷（1994），pp.50-51。

謝辞
　本稿は，北部広域市町村圏事務組合の観光連携事業（2013（平成25）年度から2016（平成28）年度の4年間）において筆者らが検討委員会や調査および分析を担った事業報告書のデータを一部使用しています。また，本稿で取り扱った資料の一部は2016（平成28）年度・2017（平成29）年度の名桜大学基盤形成事業（沖縄から／沖縄への人の移動）の沖縄班で収集したものが含まれています。この場を拝借して，あらためて関係者および関係機関に感謝を申し上げます。

引用文献（ABC順）
北部広域市町村圏事務組合（2017）『平成28年度やんばる観光連携推進事業実施報告書』
小谷達男（1994）『観光事業論』学文社

まち・ひと・しごと創生本部（2017）『まち・ひと・しごと創生総合戦略（2017改訂版）』
名桜大学国際学群観光産業専攻大谷研究室（2018）『伊江村における観光に対する住民意識調査報告書』
中園亜衣・大谷健太郎（2017）「テキストマイニングを用いた観光ガイドブック・パンフレットの内容分析―沖縄県北部地域における地域連携の向上をめざして―」『日本観光研究学会全国大会学術論文集』No.32, pp.13-16
額賀信（2008）『観光統計からみえてきた地域観光戦略』日刊工業新聞社
沖縄県（2015）『平成26年度観光統計実態調査報告書』
沖縄県（2016）『平成27年度観光統計実態調査報告書』
沖縄県（2017a）『沖縄21世紀ビジョン基本計画【改定計画】』
沖縄県（2017b）『第5次沖縄県観光振興基本計画改定版』
沖縄県（2017c）『平成28年度観光統計実態調査報告書』
沖縄県（2017d）『平成28年宿泊施設実態調査結果』
沖縄県（2017e）『平成28年度外国人観光客実態調査報告書』
大谷健太郎（2015）「名護市における観光に対する市民意識に関する調査」『観光地域経済の「見える化」推進事業報告書』観光庁，pp.216-218
Pearce, Douglas.（1995）*TOURISM TODAY: A GEOGRAPHICAL ANALYSIS SECOND Edition*, Longman（内藤嘉昭訳『現代観光地理学』明石書店，2001）

やんばるの観光と沖縄国際海洋博覧会のインパクト

宮城 敏郎・伊良皆 啓・大谷 健太郎

1. はじめに

　観光が産業として成立し，発展するためにはどのような条件が必要なのでしょうか。みなさんが観光する場合について考えてみましょう。まず，観光地に向かうための交通手段が必要です。さらには，道路や鉄道，空港や駅，宿泊施設，観光・レジャー施設，ショッピング施設，食事する場所，水道，電気，ゴミや下水処理施設などのライフラインも重要です。また，観光政策としての規制緩和なども必要になるかもしれません。そうした観光地側の準備が整ってはじめて観光が産業として成立・発展していきます。もちろん，観光する側の所得，自由時間，生活価値観が整っている必要もあります。社会的要因としては，産業の高度化，都市化，女性の社会進出，高学歴化，情報化，国際化なども観光産業に少なからず影響を与えるでしょう。

　ここでは，やんばるの観光産業の形成過程についてみていきます。その形成過程は沖縄観光全体に大きく影響を及ぼしたことから，これからの沖縄観光を考える上でも重要です。なぜなら，やんばるの観光産業は沖縄国際海洋博覧会（以下，「海洋博」）を起点に社会資本が整備され，民間リゾートホテル建設，及び県主体の観光振興計画が策定されたからです。1975年の海洋博による影響は沖縄観光の発展を考えるうえで大きいといえます。しかし，その反面，海洋博の開催によってメリットと同時にデメリットがもたらされたのも確かです。それでは，海洋博前後の産業構造，沖縄振興計画と観光開発計画，及び海洋博がもたらしたメリットとデメリットについて整理し，観光産業にあり方について考えていきましょう。

2．沖縄国際海洋博開催の経緯

　1970年に通商産業省（以下，「通産省」）が復帰記念事業として海洋博の開催を検討中との発表がなされました。それを受け，日本復帰前年の1971年に琉球政府から通商産業省へ博覧会開催の要請を行い，同年BIE（博覧会国際事務局）において登録申請がなされました。1972年5月1日には「沖縄国際海洋博覧会の準備及び運営のために必要な特別措置に関する法律」が施行され，日本復帰記念事業の一つとして海洋博が1975年7月から翌年1月まで開催されたのです。来訪者は約349万人で，事業費総額は3,400億円でした。

　しかし，実際に海洋博開催を提唱したのは通産省ではなく，本土と沖縄の財界から構成された「沖縄経済振興懇談会」（以下，「沖経懇」）であったとされています。沖経懇は「民間ベースによる経済の振興を進める」ことを目的に設立され，1966年から1975年まで毎年開かれた経済人の会議です。1969年の第4回会議では，既に高度工業設立の諸施策（港湾，工業用地・用水などの基盤整備など）と観光事業として沖縄本島北部の保養地帯化を提言していました。復帰後の沖縄の経済開発において沖経懇は，工業，特に沖縄本島東海岸埋め立てでの重化学コンビナート化と観光に軸足を置いて産業振興を考えていたといえます。そういう意味で，政府と本土企業グループを中心に外発的に進められ，県民のコンセンサス（合意）のないまま計画されたものだったのです。

　従来の万博が大都市周辺で開催されることが多かったのに対して，海洋博は，交通，宿泊等の施設整備の遅れたやんばるでの開催でした。そのため，道路・空港・港湾などの社会資本整備を一挙に行う必要があり，国の財政的支援が求められたのです。しかし，宿泊施設や観光施設などはほとんど民間に任されました。金融機関のホテルの融資も活発に行われ，資金供給面からもホテル建設ラッシュが起きました。しかし，海洋博閉幕後に，地元ホテル・

旅館の多くが結果として倒産することとなり，失業などの社会的混乱を生む要因となったのです。

3．沖縄における復帰前後の産業構造と開発計画
（1）復帰前の産業構造と経済的特徴

それでは復帰前の産業構造と経済的特徴についてみていきましょう。

表1の戦前（1934年～36年）と復帰前（1970年）の産業別所得構成と就業構成から，戦前と復帰前に根本的な構造変化が見て取れます。戦前の所得構成比は，第一次産業52％，第二次産業18％，第三次産業30％であったのに対し，復帰前はそれぞれ8.8％，17.9％，73.4％となっています。戦後の所得構成比の特徴は，農業・水産業の衰退と第三次産業の肥大化にあります。さらに，もう一つ特徴的なのは第二次産業のうち建設業の増大です。戦後，建設業が伸びたのは，米軍工事と密接な関係があったのはいうまでもありません。

表2の復帰前の対外収支については，輸出入のアンバランスが見て取れます。1971年の輸出入額は，輸出が1億900万ドルで，輸入が4億9,100万ドルと，3億8,200万ドルの赤字となっています。そうした赤字を基地関連収入や日米政府による援助によって穴埋めされている状況となっていたので

表1　戦前と復帰前の産業別所得構成比と就業構成比

	産業別所得構成比		産業別就業構成比	
	1934～36年	1970年	1934～36年	1970年
第1次産業	52％	8.8％	73％	0.70％
（うち農業）	46	7.6		
第2次産業	18％	17.9％	12％	24％
（うち建設業）	4	8.0		
第3次産業	30％	73.4％	14％	75.30％
（うち商業）	8	22.4		

出所：琉球政府（1955），琉球銀行（1984）より作成

す。軍関係収入や援助は，沖縄経済に需要拡大効果をもたらすものでしたが，それが域内の生産を誘発することなく輸入の増大とそれらを扱う卸・小売業の拡大を促進し，流入した貨幣所得は域内に資本として殆ど蓄積されず，輸入代金として流出してしまっていました。

　復帰前のこうした沖縄経済の特徴を基地依存型経済，あるいはザル経済（対外収支の外部依存性と3次産業の肥大化）と呼びます。輸出入のアンバランスを軍関係収入と海外からの移転受取によってカバーし，基地収入は産業の発展を何らもたらさなかったのです。

　復帰前における沖縄の基幹産業は，砂糖，パイン，観光産業です（表3参照）。輸出産物である砂糖とパインは1966年には輸出総額の74%を占めており，基地関連収入等を含めた沖縄の稼ぎ頭でした。観光収入は1961年の段階でパイン輸出額を上回り，1972年の復帰においては砂糖輸出額を大きく上回っています。沖縄観光産業が県経済に与えるインパクトは，現在より大きくはなかったといえますが，次にみる様に県民総所得に占める割合は次第に高くなっていきます。

表2　復帰前における沖縄の対外収支

（単位：100万ドル）

年次	受取						支払				総合収支
	輸出	貿易外受取	政府援助	米軍関係	その他受取	外銀クレジット受取	総額	輸入	貿易外支払	外銀クレジット支払	総額	
1965	82.5	159.3	12.3	105.5	41.5	0.9	242.7	212.5	26.7	1.7	240.9	1.8
1966	75.1	203.8	21.6	113.5	68.7	10.1	289	261.9	28.2	0.7	290.8	-1.8
1967	80.5	268.5	26.3	202.5	39.8	16.6	365.7	315.9	38.9	8	362.8	2.9
1968	91.7	290.7	37.4	200.8	52.5	15.1	397.5	319.6	49.6	10.5	379.7	17.8
1969	101.1	327.9	50.4	232.3	45.2	21.4	450.3	357.5	19.3	19.3	426.1	24.2
1970	102.6	441.1	64.6	295.2	81.3	11.2	555	424.1	70.5	13.7	508.3	46.7
1971	109.2	540.2	101.6	294.9	143.7	6.1	655.5	491.6	93	—	584.6	70.9

出所：琉球銀行（1984）を元に作成

(2) 復帰後の経済状況と観光産業

復帰以前には、軍関係受取が沖縄経済を支える大きな柱であったといえます。表4を見ると1972年度の復帰の年においても県民総所得に占める軍関係受取（米軍等への財・サービスの提供、米軍基地からの軍用者所得、軍用地料、その他）は15.5％であるのに対し観光収入は6.5％でした。1975年度の海洋博の年には、軍関係受取10.1％に対し観光収入は12.7％と軍関係受取を僅かですが逆転しています。それが、2010年度には軍関係受取5.3％に対して観光収入は10.2％と大きく上回っており、基地経済の重要度が低下し、観光産業が基幹産業に成長したことが窺えます。

県外からの財政移転（「県外からの財政への経常移転」と「国庫からの資本移転」の合計）は1975年度において県民総所得の35.4％を占め、財政依存型経済といえるものでした。しかし、2010年度の財政移転の県民総所得

表3　観光収入と主要輸出産物

（単位：1,000ドル）

年次	観光収入	砂糖類	パイン類	輸出総額
1961	8,033	17,877	6,268	33,679
1962	10,333	28,355	5,082	48,612
1963	12,063	45,340	8,839	70,465
1964	13,603	43,143	8,721	67,656
1965	15,312	54,140	12,850	84,169
1966	18,530	42,098	14,172	76,015
1967	24,175	40,536	13,089	78,330
1968	29,115	49,637	13,415	89,410
1969	33,171	44,579	18,682	95,486
1970	33,780	45,722	13,661	104,130
1971	40,149	47,340	12,899	120,885
1972	90,133	30,625	15,024	134,787

出所：琉球政府通商産業局（1967, 1971）を元に作成

に占める割合は28.5％に低下しており，県民総所得は1972年度の5,013億円から2010年の39,490億円へと7.87倍に増えています。財政依存が続いているものの，低下傾向にあります。沖縄では，全国的なリゾート開発ブーム以前から，観光産業が財政移転と並んで県経済を支える役割を担っていたといえます。

(3) 復帰前後の入域観光客の推移と復帰前の観光

それでは，海洋博前後10年の入域観光客（沖縄県在住者を除く沖縄県に入域する者すべての人数）の推移についてみていきましょう（図1参照）。

海洋博開催の10年前にあたる1965年の沖縄への入域観光客数は，約6万4,000人で，その後も増加を続け，日本復帰前年の1971年には約20万4,000人を数えました。復帰の年である1972年には前年から倍増の約44万4,000人に達し，それから2年後の海洋博前年1974年には倍近い80万5,000人が沖縄を訪れました。半年間の開催期間にもかかわらず，1975年

表4　軍関係受取と観光収入の構成推移

(単位：億円，％)

年度	県民総所得	県外受取	軍関係受取(注1)	観光収入	石油製品	県外からの財政移転
1972	5,013	4,011	777	324	—	—
県民所得に占める割合(%)	100	80	15.5	6.5	—	—
1975	10,028	8,819	1,010	1,277	1,623	3,549
県民所得に占める割合(%)	100	87.9	10.1	12.7	16.2	35.4
1990	35,050	21,014	1,822	3,077	652	11,902
県民所得に占める割合(%)	100	62.2	5.2	8.8	1.9	34
2010	39,490	21,758	2,086	4,025	530	11,263
県民所得に占める割合(%)	100	55.1	5.3	10.2	1.3	28.5

(注1) 米軍等への財・サービスの提供，米軍基地からの要素所得(軍用者所得，軍用地料，その他)

出所：沖縄県（2013），沖縄県知事公室（2013）より作成

は海洋博の誘客効果もあって155万8,000人が来訪しました。しかしながら，海洋博が閉幕した翌1976年には83万6,000人にまで落ち込みました。その後は，1979年までは右肩上がりの増加をみせ，1980年から1986年にかけては20万人の増加となっています。

復帰前60年代の沖縄観光の特徴についてみていくと，観光の主流は戦跡参拝とショッピングでした。全国から沖縄戦の戦没者遺族が訪れ，戦跡を参拝しました。琉球政府は糸満市摩文仁を政府立公園に指定し，都道府県別に慰霊の塔を建設したのです。他方，ドル経済圏であった沖縄では，世界各地の舶来品が本土より安く買えたため，ショッピングがもう一つの柱となりました。その背景には，1959年6月日本政府が他国に先駆け，沖縄への渡航制限を緩和したこと，外貨持出額の制限緩和，免税品の指定などが大きかったといえます。

こうした規制緩和を受け，1960年にいち早く日本交通公社（現在のJTB）は「沖縄訪問団」86名を送り込みました。62年には団体旅行とは別に個人

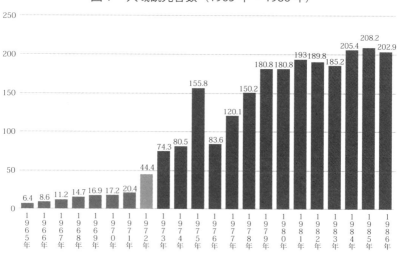

図1　入域観光客数（1965年〜1986年）

出所：琉球政府通商産業局（1971），下地（2012），沖縄県（1987）を基に作成

旅行者向けの「セット旅行」を開始しました。このセット旅行は，宿泊と往復の交通をパッケージ化した点で画期的な商品でした。

　宿泊施設，特に本島のリゾートホテルの開業についてみていくと，復帰前はほぼ皆無で，74 年のホテル・みゆきビーチを皮切りに，75 年には本部町でロイヤルビュー・ホテル，グリン・パーク・ホテルが開業し，恩納村ではホテル・ムーンビーチが開業しています。本土資本のホテルが本格的に建設されるのは，80 年代に入ってからです。そういう意味で，復帰前後の沖縄の観光産業は政府の規制緩和や財政支援などを受けて，民間の主導のもと発展したといえます。

(4) 沖縄振興開発計画と観光開発計画との関連

　日本に復帰した沖縄は，復帰以前の米軍の施政下での軍事政策，とりわけ米軍基地の整備や運用が優先されたことから，民間投資が少ないうえ，社会インフラの整備も遅れがちで，特にこれといった産業がなく，基地経済と称される状況でした。このような状況の下，復帰を機に制定された沖縄振興特別措置法に基づき，本土との格差是正と自立的発展を目標に，国が策定主体となって沖縄振興開発計画が閣議決定され，各種計画や施策の展開がなされました。なお，沖縄振興開発計画において，海洋博の開催は，国際交流の場の形成，観光振興および海洋開発等の推進，北部広域圏（北部 12 市町村を指す。やんばるという名称で呼ばれている地域です。）における社会開発基盤整備や産業整備の機動力となるものであり，交通通信体系の整備，公園，上下水道等の生活環境施設，医療，衛生等の整備を早急かつ総合的に実施する必要性が謳われていました。

　復帰前においても資源の優位性やその立地から沖縄の観光振興について検討されていましたが，復帰に伴う各種制度等の切り替えや復帰記念プロジェクトの実施が優先され，沖縄県を主体とする観光振興施策の展開は海洋博終了後となりました。海洋博終了から 8 ヵ月後に，沖縄県が主体となった沖縄県観光開発基本計画が策定されました。なお，同計画は期間が 1976 年から

1985年の10年間にわたり，県が主体となった初の観光振興計画でした。

経済情勢や社会情勢の変化に伴い，1982年に第2次沖縄振興開発計画が策定されました。同計画においても，第1次の計画目標を踏襲し，本土との格差是正と自立的発展を図るというものでした。なお，第2次沖縄振興開発計画の特徴は，策定主体の国が観光振興を前面に打ち出すとともに，計画期間中に本土資本を中心とするリゾートホテル建設ラッシュによる外発的な発展がみられたことです。第2次に当たる沖縄の総合観光計画は，第1次の観光開発基本計画から観光振興基本計画へと名称を変更し，1986年に6ヵ年の計画期間で策定されました。

その後，第3次沖縄振興開発計画および第3次に当たる沖縄県観光振興基本計画が1992年に策定されました。なお，1980年代中頃から1990年代前半にかけては，全国でリゾート開発が盛んになり，1987年には総合保養地域開発法が制定されました。その流れを受けて，沖縄でも1990年にリゾート沖縄マスタープラン，翌1991年には沖縄トロピカル・リゾート構想が発表され，沖縄におけるリゾート開発に拍車がかかります。

表5　全国開発計画及び沖縄振興開発・観光開発計画との関連

開発計画(全国)	開発計画(沖縄)	沖縄観光関連	リゾート整備関連
全国総合開発計画(1962)			
	第1次民政5ヶ年計画(1962)		
	長期経済開発計画		
新全国総合開発計画(1969)			
日本復帰(1972年)			
	第1次沖縄振興開発計画(1972)		
沖縄国際海洋博覧会(1975年7月～1976年1月)			
		沖縄県観光開発基本計画(1976)	
第3次全国総合開発計画(1977)			
	第2次沖縄振興開発計画(1982)		
		沖縄県観光振興計画(1986)	
第4次全国総合開発計画(1987)			
			総合保養地域整備法(1987)
		沖縄県観光振興基本計画(1992)	
	第3次沖縄振興開発計画(1992)		リゾート沖縄マスタープラン(1990)
			沖縄トロピカル・リゾート構想(1991)

出所：宮城（1997），沖縄県（2013），下地（2012）を元に作成

これら計画の関連は，上位に全国総合開発計画，中位に沖縄振興開発計画，下位に沖縄観光振興基本計画となります。これらを整理したものが，表5です。

4．沖縄国際海洋博覧会の再評価とその効果

　ここでは，海洋博の再評価とその効果についてみていきます。最初に，事業計画としての社会資本整備について整理します。その後，海洋博の地域的側面や沖縄県の地域振興について考え，「開発への批判」を概観した後に海洋博の再評価を試みたいと思います。

（1）海洋博の基本構想と社会資本整備

　1972年の日本復帰を記念する事業として「海洋」をテーマにした海洋博の開催が決定しました。開発主体として「財団法人 海洋博協会」が設立され，監督は当時の通産省でした。具体的な担当として「会場計画」「運営計画」「観客対策計画」「広報」「資金計画」「関連公共事業計画」の各専門分野に分けられ，

表6　海洋博関連の主な公共事業一覧

道路整備事業	839億円
主な事業	沖縄自動車道（石川—名護許田間），一般国道58号線改良，整備（那覇嘉手納間の6車線化，嘉手納仲泊間の4車線化，仲泊許田間の2車線化），県道116号線（伊豆味経由），県道6号線バイパス（仲泊石川間），名護海岸線（名護宮里間）など
空港整備事業	75億円
主な事業	那覇空港の整備（B747発着対応，滑走路延長2,700m，新ターミナル建設など 伊江，宮古，石垣の離島空港整備（滑走路延長）
港湾整備事業	05億円
主な事業	那覇港（大型船対応岸壁整備11m），渡久地新港フェリーターミナル（那覇，伊江），運天港（不定期旅客船寄港，資材搬入），離島港（石垣，宮古，カーフェリー就航可能）
治水事業	48億円
主な事業	福地ダム，新川ダム，国場川，安里川，屋部川など
その他：下水道事業67億円，水道事業397億円，ゴミ・し尿施設整備（本部，今帰仁）4億円，公園事業（平和祈念公園など）8億円，通信施設整備285億円	

出所：沖縄国際海洋博覧会協会（1976）を参考に作成

計画が推進されました。

　海洋博の事業費は当初計画で2,000億円から2,500億円とされましたが，実際には公共投資の約1,800億円（直接約1,000億円）を筆頭に総額約2,800億円にも上昇しました。海洋博関連資料によると，出展建設費約580億円や域外所得（観光収入）約600億円と県民の支出約25億円を加えた直接支出の総額は約3,400億円規模となっています。

　その詳細と主な事業については表6に示しています。表6をみると交通アクセスの利便性を上げる事業に重きが置かれています。沖縄県に入域する者へのアクセスを容易にする那覇空港の整備や大型船に対応できる岸壁整備，そしてやんばるへのアクセスを容易にする沖縄自動車道（石川—名護許田間），渡久地新港フェリーターミナルなどです。しかし，それだけにとどまらず，一般国道58号線の整備改良をはじめ，水道事業，下水道事業，通信施設整備など，沖縄県全体の生活水準向上に関わる社会資本整備も行われています。

(2) 誘客装置としての博覧会と地域振興

　海洋博が地域にもたらす影響については次の通りです。メリットとしては，道路，港湾，空港，治水，通信施設などの社会資本整備が挙げられます。デメリットとしては，物価の高騰，土地の買い占め，自然の破壊，農業の破壊，地方財政の逼迫，福祉行政の等閑などが指摘されています。地域開発効果としての社会資本整備に着目すると，会場となるやんばるまでのアクセスの容易化に加えて，やんばるを含む沖縄県全域へのさらなる誘客も目的になっていることが分かります。さらに，直接および間接を含む海洋博関連の事業費で，空港整備および港湾整備の中に石垣や宮古などの離島地域の整備事業を含めていたことは，政府としての地域振興の観点が含まれていたことを顕著に表しています。日本復帰に伴う沖縄本島，やんばるへの誘客と同時に沖縄県の離島へ足を運んでもらうという，まさに誘客装置としての機能への期待を示していたといえます。

（3）開発への批判

　開発のデメリットとして自然破壊や農業の破壊などです。さらに，財政逼迫，福祉行政の等閑などの問題は予算制約がある上での政策実施の優先順位をどうするかというもので，「自然保護か開発か」や「経済か福祉か」というトレードオフ（同時に成立しない二律背反の関係）の問題であり，価値判断による規範的評価が含まれています。いずれにせよ、大規模な開発によって生み出される外部不経済による文化の変容など意図しない問題にも注意が必要です。

　生活に密接するデメリット，例えば物価高騰に関しては，復帰時の通貨切り換え，台風による野菜類の高騰，石油ショック，本土の物価上昇などによって復帰前 1970 年基準の消費者物価指数が総合 171.2％（1974 年那覇市）となっています。しかし，物価指数を海洋博の影響のみでみると復帰後から海洋博までの 4 年間で平均 2.93％の上昇に過ぎないという研究結果もあります。

　沖縄の日本復帰に伴う大規模な開発への批判は多かったといえますが，海洋博の効果としては社会資本整備効果が大きく，沖縄への理解促進，石油ショックに見舞われる中で実質県民所得 10％増という経済への寄与がメリットといえるでしょう。さらに，沖縄国際海洋博覧会協会（1976）によると，一般的な評価としては，科学技術，開発，食料資源の保護など「海洋」に着目した「国際的評価」を挙げていますが，観光イメージの定着や知名度向上という効果も挙げられるでしょう。

　いずれにせよ，海洋博が，「復帰の目玉」「起爆剤」「起動力」としての地域振興への期待が大きかったことが，「海洋博ショック」へとつながったと考えられます。沖縄振興開発計画で謳われている「余暇生活の充実と観光の開発」という長期的方針と短期的な実施計画である海洋博との乖離が「海洋博ショック」として批判につながり，その結果，沖縄県内を中心に「県民不在」という批判が噴出したと考えらます。それは県民主体の意思決定と民間

を中心とした投資計画の欠如に起因するものと思われます。

(4) 沖縄国際海洋博覧会の再評価

　海洋博の効果として，社会資本整備を中心とした経済効果，雇用効果，県民の生活水準の向上を取り上げることができます。しかしながら，本土側企業グループと政府中心に外発的に進められたことから，開発への批判や県民不在の意思決定，開発効果の享受に関わる批判が，その後の沖縄観光の課題として認識される契機になりました。

　一般的な評価としては「国際的評価」と社会資本整備効果，博覧会の開催による知名度や認知度の向上の効果を指摘することができます。社会資本整備効果はストック効果（整備された社会資本が十分に機能することで生み出される中長期的な経済効果。たとえば，移動時間の短縮，快適性の向上など）として空港や港湾をはじめ道路や水道事業，ごみ処理などに関わる広範なものでした。そのストックと県内の民間投資によって現在の観光産業の発展の基礎を築いたといえます。しかし，海洋博計画において宿泊施設や観光施設などの民間（私的）計画は皆無で，民間側に一任されていた問題を指摘することができます。すなわち，海洋博を起点として官民一体となった観光開発計画の必要性が認識されたのです。

5．おわりに

　海洋博は県民の生産活動と生活の基盤を強化するものと期待されましたが，その後の「海洋博ショック」によりその期待は打ち砕かれました。しかし，海洋博によるストック効果によりやんばる観光，ひいては沖縄における観光産業発展の起点となりました。また，現在，基地関連収入が県民総所得の約5％であるのに対して，観光収入は約10％を占めており，観光は沖縄の基幹産業に成長しています。

　海洋博の再評価としては，従来からの評価でもある「社会資本整備」に，「県民主体，官民一体意識の醸成」，「画一的な観光開発からの脱却」を加え

た三点にまとめることができます。県などの地域主体は海洋博の経験を活かし，地域をコーディネイトする重要性を再認識したということが産業史的アプローチから確認できました。観光地は，その地域の人々の生活の場であると同時に，観光資源（自然，文化・歴史など）を保護，育成し，有効に活用していくことによって地域の利益に還元されると考えます。沖縄の魅力を再確認して，民間による無秩序の開発を規制し，地域と民間との協力によって国による画一的な観光開発政策から地域主体の「デスティネーション・マネージメント」への一層の転換を推し進めることが求められます。

付記

本稿は名桜大学総合研究所の一般研究助成を受けた「沖縄観光産業史に関する研究－沖縄国際海洋博覧会開催を境とする前後10年の沖縄観光を中心として－」の原稿を加筆・修正したうえに，リライトしたものです。

引用文献（五十音順）

伊藤善市・坂本二郎編著（1970）『沖縄の経済開発』潮出版社
沖縄県（2013）『観光要覧 平成24年』
沖縄県,財団法人沖縄国際海洋博覧会協会,財団法人沖縄県リゾート開発公社（1976）『沖縄国際海洋博の効果測定』
沖縄県知事公室（2013）『基地対策及び自衛隊基地統計資料集』
沖縄県教職員組合経済研究委員会編（1976）『開発と自治－沖縄における実態と展望－』日本評論社
沖縄国際海洋博覧会協会（1976）『沖縄国際海洋博覧会公式記録（総合編）』
勝連哲治（1973）「海洋博が沖縄を混乱させる」『世界』(沖縄－復帰1年の憲法状況：報告・沖縄の現実)，pp.66-68，岩波書店
九州経済調査協会（1974）『沖縄国際海洋博が沖縄県経済社会の展開方向に与える影響調査報告書』
杉野圀明・岩田勝雄編著（1990）『現代沖縄経済論－復帰後における沖縄経済の現状と問題点－』法律文化社

下地芳郎（2012）『沖縄観光進化論』琉球書房
高木正（1990）「沖縄観光業の展開と問題点」，杉野・岩田編著『現代沖縄経済論－復帰後における沖縄経済の現状と問題点－』第 10 章，pp.255-287
中沢忠義（1972）「1975 年沖縄国際海洋博覧会計画の方向」『高速道路と自動車』Vol.15，No.4，pp.49-54
仲宗根勇（1970）「沖縄開発の基本構想」，伊藤・坂本編著『沖縄の経済開発』Ⅶ，pp.125-147
野原全勝（1976）「問われる「観光開発」」，沖縄県教職員組合経済研究委員会編『開発と自治－沖縄における実態と展望－』第 6 章，pp.159-176
真栄城守定（1979）「ブームにわく沖縄の観光施設と公共投資」『運輸と経済』第 39 巻，第 8 号，pp.22-27
松田賀孝（1974）「「開発と自治」序章」，沖縄県教職員組合経済研究委員会編『開発と自治－沖縄における実態と展望－』第 1 章，pp.1-43
宮城辰男（1974）「外部依存の消費経済」，沖縄県教職員組合経済研究委員会編『開発と自治－沖縄における実態と展望－』第 2 章，pp.48-67
宮城辰夫（1997）『沖縄の開発 －今・問われているもの－』
宮城敏郎，伊良皆啓，大谷健太郎（2016）「沖縄観光産業史に関する研究－沖縄国際海洋博覧会開催を境とする前後 10 年の沖縄観光を中心として－」『総合研究』(25)，pp.33-42
総合研究 (25) 33-42
琉球銀行（1984）『戦後沖縄経済史』
琉球政府（1955）『経済振興第 1 次 5 ヶ年計画書』
琉球政府（1962）『第 1 次民政 5 ヶ年計画』
琉球政府通商産業局（1967）『観光統計要覧 1966 年版』
琉球政府通商産業局（1969）『観光統計要覧 1968 年版』
琉球政府通商産業局（1971）『観光統計要覧 1970 年版』

"やんばる"のマングローブ
―地域性と観光資源の観点から考える―

新垣 裕治

1. はじめに

　マングローブとは，熱帯・亜熱帯の河口の湿地帯や沿岸部の干潟等の潮汐の影響を受ける潮間帯に生育する樹木，または，群落のことです。熱帯域では，マングローブの種数が多く，且つ分布面積が広く，樹高が50mを越える大木から成る森林が形成されることも珍しくありません。赤道から離れ緯度が高くなるに従い，種数が減少し樹高は低くなり，分布面積も減少する傾向にあります。マングローブは，正に熱帯を象徴する樹木であるといえます。

　世界的には約70種のマングローブがあるとされています。日本には7種のマングローブが分布するだけですが，この7種の全てを沖縄県で見ることができます。隣県の鹿児島県にもマングローブが分布しますが，分布しているのは2種だけです。

　日本に分布する7種のマングローブは，オヒルギ *Bruguiera gymnorrhiza*, メヒルギ *Kandelia obovata*, ヤエヤマヒルギ *Rhizophora mucronata*, ヒルギモドキ *Lumnitzera racemose*, ヒルギダマシ *Avicennia marina*, ニッパヤシ *Nypa fruticans* 及びマヤプシキ *Sonneratia alba* です。この7種全てが分布しているは西表島だけで，琉球列島を北上するに従い種数は減少し，沖縄島には4種（オヒルギ，メヒルギ，ヤエヤマヒルギ，ヒルギモドキ）が自然分布しています。実は，移入種ではありますが，これに更に2種（ヒルギダマシ，ウラジロヒルギダマシ *A. alba*）が加わり，6種のマングローブが沖縄島に分布している現状にあります（図1）。鹿児島県には，オヒルギとメ

ヒルギの2種が分布し，マングローブ分布の北限地の喜入町(きいれちょう)にはメヒルギ1種だけが分布しています。南から北にいくに従い，徐々に種数が減少していることが解ります。

　以上より，河口域や沿岸の干潟等にマングローブが植(う)わる風景は，日本国内では非常に珍しい風景であるといえます。鹿児島県でも見ることできる風景ですが，マングローブの種数や分布面積・分布場所の多さからすると，マングローブのある風景は沖縄らしい風景のひとつであるといえます。沖縄に住んでいるとあまりにもマングローブが身近にあり自然なことなので実感し難いのですが，日本でとの捉え方をすると，マングローブのある風景は沖縄らしい，珍しい風景であることになります。

　また，マングローブは，海水に浸(つ)かる環境の中で生育できる樹木であることだけでも驚きに値します。通常の陸上植物は，海水がかかるだけで枯れてしまいます。沖縄では，台風の後に山の木々の葉が枯れることがありますが，台風の強風で海水が飛沫(ひまつ)となり山の木々の葉にかかったことによって起こる塩害です。海水がかかっただけで枯れてしまうのが通常の陸上植物なのですが，マングローブは海水中に没し森を形成することが出来る特殊な樹木なのです。

　本章では，これらマングローブの特徴，沖縄におけるマングローブの分布現状と課題，また，観光における利活用等の観点から，沖縄らしさや"やんばる"らしさについて考えていきます。

2．マングローブとは

　「マングローブとは熱帯・亜熱帯の河口の湿地や沿岸部の干潟に生育し，潮汐によって一日のうちに，一定時間海水にさらされる湿地に生育する樹木または樹木の総称である」[1]とされています。満潮線（満潮の水位）と干潮線（干潮の水位）の間で干潮時には干上がり，満潮時には海面下となる範囲は潮間帯(ちょうかんたい)と呼ばれ，マングローブが生育する範囲です。一般的に，マングローブは砂泥底に生育しますが，潮間帯で砂泥が堆積している場所を干潟と

図1　沖縄島で見られるマングローブ種

図中の大矢印は根を指している．図中の小方形は葉を拡大したものを示す．ヒルギモドキは，同種の図中の中央の白破線で囲まれた樹木を示す．根の形状は，オヒルギが屈曲膝根，メヒルギが板根，ヤエヤマヒルギが支柱根，ヒルギモドキが匍匐根，ヒルギダマシ及びウラジロヒルギダマシが直立根である．葉の形状は，オヒルギが葉の先端及び付け根共に細い紡錘形，メヒルギが長楕円形で葉の先端は丸みを帯びる小型の葉，ヤエヤマヒルギが楕円形で葉の先端は針状に尖る，ヒルギモドキが卵形で先端近くが広がる多肉質の小型の葉，ヒルギダマシが長楕円の薄い葉で先端は丸みを帯びる，ウラジロヒルギダマシは細長形の薄い葉で先端が尖る形状である．

呼ぶので，マングローブは，一般的に干潟に生育することになります。また，河口付近は上流からの淡水と海水が混じり合う場所で，塩分濃度が海水よりもやや薄い場所で汽水域(きすいいき)と呼ばれる場所でもあるので，マングローブは熱帯から亜熱帯の干潟の汽水域に生育する樹木または樹木の総称であるといえます。

　陸上植物は，塩水を嫌います。散水として，水の代わりに塩水をかけると枯れてしまいます。これは，塩害により枯れたものです。マングローブは河口から沿岸に分布し，恒常的に海水の影響を受けています。樹木によっては，満潮になると樹木全体が海面下に没することもあります。しかし，塩害で枯れることはありません。仕組みとしては，吸収した塩水を積極的に体外への排出，塩水をあまり吸収しない，または，体内の塩水を薄めるような生理的な機能を持っていることによります。オヒルギやヤエヤマヒルギでは，体内の塩分を古い葉に集め落葉させることにより塩分排出をしています。ヒルギダマシは，葉の表面に塩分を体外に排出するための塩類腺があります。ヒルギダマシの葉を舐めるとすごくしょっぱいです。塩分が結晶化して葉の表面を白く覆うことがあります。

　マングローブの他の特徴としては，根の形状を挙げることができます。非常に目立つものとしては，タコの足のように多くの根が幹から出ている樹種があります。この根は，支柱根(しちゅうこん)とよばれ，ヤエヤマヒルギの根の特徴です。他に，屈曲膝根(くっきょくしっこん)，板根(ばんこん)，直立根(ちょくりつこん)等の形状があり，沖縄島においては，それぞれオヒルギ，メヒルギ，ヒルギダマシを特徴付ける根の形状です（図1）。これは，地中の酸素欠乏が起こりやすい干潟環境に生育するための適応で，根と大気との接触面積を広くして根による呼吸機能を高める為の形状です。もうひとつの特徴としては，オヒルギ，メヒルギ，ヤエヤマヒルギ等のヒルギ科の特徴なのですが，種子の形状を挙げることができます。マングローブは時期になると，枝から鉛筆やキュウリのような形状をした15〜30cmの物体をぶら下げます。これが，マングローブの種子で胎生種子(たいせいしゅし)と呼ばれるものです。通常の植物の種子に比べると大型であることが解ります。実は，これ

は種子そのものではなく,種子が母樹の枝に付着している状態で発芽した苗木(実生)に相当するものです。胎生種子として十分に成長すると,枝から落下し干潟に槍のように突き刺さり成長することもあります。あるいは,胎生種子が浮きの代わりとなり潮汐に運ばれ流れ着いた場所で定着し分布域を広げる役割も担っています。

3．沖縄島のマングローブ

沖縄国際マングローブ協会の報告書(1991)によれば,沖縄島に37箇所のマングローブ生育場所が存在するとしています。最新の分布状況(おそらく2016年現在)については,NPO法人マングローバルのHP[2]で確認をすることができる48箇所です。しかし,このNPO法人のHPでは,屋我地島のマングローブの分布が欠落しているので,現状の沖縄島全体における分布状況を正確には反映してはいません。筆者の研究室では,以前に嘉陽和那さんが,卒業研究課題として沖縄島におけるマングローブの分布を明らかにしています。2008年の調査ではありますが,前述のNPO法人のデータで欠落していた屋我地島におけるマングローブの分布状況を含め,沖縄島全体で57箇所のマングローブ分布場所を明らかにしました。これに,筆者が踏査で確認した1箇所を追加した58箇所が,沖縄島における現状のマングローブ分布に最も近いと考えています(表1,図2)。以下,このデータを基に沖縄島のマングローブ分布状況について説明していきます。

オヒルギとメヒルギは,沖縄島の南端から北端の全域に広く分布していますが,メヒルギは58箇所の全ての地点で観察されます。一方,オヒルギは38箇所とやや少ない分布箇所数となっています。ヤエヤマヒルギは更に少なく17箇所に分布し,本種の最も北側の分布(「北限」と言います)としては屋我地島(名護市)の饒平名海岸です。しかし,この場所のヤエヤマヒルギは植樹されたものであり,自然分布の北限としては東村の慶佐次川のヤエヤマヒルギ群落です。この場所は,ヤエヤマヒルギの北限地として国指定天然記念物になっています。2016年9月に"やんばる"地域が国立公園に

表1　沖縄島におけるマングローブの分布

番号	場所	メヒルギ	オヒルギ	ヤエヤマ	モドキ	ダマシ
1	南浜公園(糸満)	20	2			
2	糸満市役所の北側(糸満)	30				
3	報得川(糸満)	463㎡	4	148㎡		
4	保栄茂川(糸満)	296㎡	3	864㎡		
5	具志川(那覇)	800㎡		700㎡		
6	漫湖(那覇・豊見城)		97,000㎡			
7	冨祖崎公園(南城)	2,661㎡				
8	新開川(南城)	8,122㎡				
9	小湾川(浦添)	15				
10	県営北中城団地前(北中城)	1				
11	北中城高校前(北中城)	421㎡		5		
12	和口川(北中城)	145㎡	3			
13	伊佐(北谷)	114	2			
14	泡瀬干潟(沖縄)	2,000≧				
15	比屋根湿地(沖縄)	2,000㎡				
16	州崎(うるま)		1,000≧		30	3,000㎡≧
17	具志川田場海岸(うるま)	35	6			
18	石川川(うるま)	15,186㎡				
19	比謝川(読谷)	1,632㎡	4			
20	長浜川(読谷)	35				
21	ペンション美留横(恩納)	656㎡				
22	恩納博物館内水面(恩納)	50	20	10		70
23	屋嘉田川(恩納)	1,988㎡	4			
24	恩納村新川・当袋川河口(恩納)	2,963㎡	1			
25	渡久比那川(金武)	70				
26	億首川(金武)		30,000㎡		2	
27	漢那福地川(宜野座)	530㎡				
28	宜野座福地川(宜野座)	943㎡	1,450㎡	268㎡		
29	松田慶武川(宜野座)	4,000㎡≧				
30	湖辺底公園横(名護)	214㎡				
31	許田ポンプ場横(名護)	50				
32	東屋部川(名護)	2,685㎡	3			
33	久志オート川(名護)	211㎡	6	3		
34	久志オー川(名護)		3,000㎡≧			
35	辺野古川(名護)	30				
36	大浦湾二見入江(名護)	21	10	6		
37	大浦川(名護)		35,000㎡≧			
38	汀間川(名護)	3,615㎡	840㎡	5		
39	饒平名海岸(名護)	3,000㎡≧	4,000㎡≧	100≧		200㎡
40	我部海岸(名護)	600㎡	1,800㎡			3
41	運天原エビの養殖場の横(名護)	1				
42	羽地奥武橋の内海側(名護)	1		7		
43	真喜屋沿岸湿地(名護)	615㎡	2	122㎡		
44	羽地大川(名護)	186㎡				
45	奈佐田川(名護)	400㎡	1,000㎡			
46	湧川～呉我海岸(名護・今帰仁)	47	3			
47	我部井(今帰仁)	8,600㎡	2,100㎡	3		
48	大井川(今帰仁)	6,118㎡				
49	ジニンサ川(今帰仁)	200㎡	5			
50	慶佐次川(東)		100,000㎡			
51	半崎川(大宜味)	10	15			
52	塩屋湾(大宜味)	1,400≧	600≧			
53	大保川(大宜味)	1,500㎡	1,600㎡			
54	田嘉里川(大宜味)	3,564	1			
55	比地川(国頭・大宜味)	40	5			
56	奥川(国頭)	1				1
57	安田川(国頭)	6	3,000㎡			
58	伊部川(国頭)	6	600≧			

種名のヤエヤマ、モドキ及びダマシは、それぞれヤエヤマヒルギ、ヒルギモドキ及びヒルギダマシを示す。表中の数値は、個体数及び分布面積を示す。記号「≧」は「以上」を示す。本表は、嘉陽和那さんの卒業研究（2008年度）に修正・加筆をして作成した。

図2 沖縄島におけるマングローブ分布

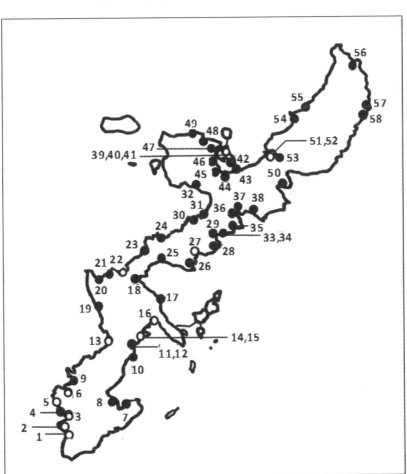

図中の数値は、表1の番号に一致する。●及び○は自然分布及び人工分布（植樹）を示す。本図は、嘉陽和那さんの卒業研究（2008年度）に修正・加筆をして作成した。

指定され，それと同時に慶佐次のマングローブも国立公園の一部となりました。延期にはなりましたが[3]，"やんばる"が世界自然遺産に指定されれば，この場所はやんばるの世界自然遺産の一地域となる場所です。

　ヒルギモドキは，洲崎（うるま市）と億首川（金武町）の2箇所に分布していますが，洲崎は植樹によるもので，自然分布としては億首川の2株だけです。億首川が北半球における本種の北限地となっています。世界的には広い分布域を持っていますが，沖縄諸島での生育個体は少なく，絶滅危惧種ⅠA類（環境省レッドリスト）に指定されている稀なマングローブです。

　ヒルギダマシは，自然分布の北限が宮古島であり，沖縄島においては移入種（国内移入種）です。屋我地島の饒平名干潟においては，2000年頃に植樹されたとのことです。洲崎においては，ある環境団体が2007年に設置した看板に，植樹種としてヒルギダマシが記述されています。1株ではありますが，国頭村の奥川右岸河口にも分布しています。2008年の嘉陽さんの調査では，恩納村博物館内水面干潟でもヒルギダマシの分布を確認していますが，現状では，内水面干潟での木道造成に伴う伐採が要因と思われますが，殆どが枯れてしまっています。一方，洲崎の埋立地の水路と饒平名干潟では，異常繁殖の様相を呈し，マングローブ干潟の環境を大きく変化させています。移入種が爆発的に増殖することは，自然環境的に異常な状態であり，駆除等の対策が今後必要だと考えています。また，屋我地島の我部の海岸では，新たな移入種として自然分布の北限がフィリピンとされているウラジロヒルギダマシが植わっていることを2016年に確認しました。

　マングローブの分布箇所を沖縄島南端から見ていくと，糸満市では4箇所，豊見城市は1箇所，那覇市では2箇所，南城市では2箇所，浦添市では1箇所となり，マングローブの分布する自治体別では4箇所以内の分布箇所数が一般的です。一方，名護市には17箇所のマングローブ分布場所があり，他に比べ非常に多くなっています。名護市は沖縄島で最も面積の広い自治体であり，東シナ海（西海岸）と太平洋（東海岸）に面し，また，羽地内海も抱えていることにより，海岸線が長く，河川が多く，大浦湾や羽地内海等のマ

ングローブの生育の基盤となる干潟環境が多く所在することが分布箇所数の多い要因になっています。

4．マングローブの活用

インドネシアやマレーシア，タイ等の熱帯の国々では，マングローブが大木に成長することにもよると思うのですが，建築材としてマングローブが使われることは希なことではありません。インドネシアやフィリピンの地方の集落の家屋では，マングローブの一種であるニッパヤシの葉を重ねて厚みを持たせ，家の壁や屋根葺きの建築材として活用しているのを見たことがあります。また，最近，ＤＩＹショップでインドネシア産やマレーシア産のマングローブの木炭がダンボール箱に詰められ販売されているのをよく見かけます。

沖縄では，マングローブを伐採し建築材，または，木炭として活用することはないと思います。マングローブ自体がそれ程大木にはならないこと，また，立派なマングローブ林が形成されている場所は，国立公園（西表島等）や天然記念物（東村慶佐次等）に指定されている場合が多く，マングローブ

図3　マングローブ林の活用

左側：マングローブ域でのカヌー体験の様子。右側：マングローブ林内での自然観察（中央がガイド）の様子。エコツーリズムⅡ（名桜大学観光産業専攻専門科目）での野外講義の一コマである。いずれも，東村慶佐次川のマングローブ域での撮影である。

を伐採し難い環境にあります。従って，マングローブを木材や木炭として活用することは無いと考えています。一方で，活用事例としては，草木染めの染料としてヒルギの樹皮が活用されることが書籍で紹介されています。また，マングローブ林周辺の河川にカゴワナを仕掛け大型のカニであるノコギリガザミを捕っているのはよく見かける風景です。しかし，一般的には，エコツアー（環境保全型自然体験観光）として，マングローブ域でのカヌー体験や自然観察の場所としの活用ではないかと思います（図3）。以下に，沖縄島のマングローブ域の観光資源としての活用や自然観察の場所としての活用について紹介します。

（1）億首川㉖＊（金武町）

　沖縄島に自然分布する4種全てのマングローブ（オヒルギ，メヒルギ，ヤエヤマヒルギ，及びヒルギモドキ）が揃っている唯一の場所です。沖縄島では，慶佐次川（東村），漫湖（那覇市・豊見城市）に次ぐ，3番目に広い面積のマングローブ域です。

　マングローブの繁茂する2箇所の中洲があり，マングローブが覆い被さる狭い水路をマングローブに接触しないように注意深くカヌーを操作しながらしゆっくりと漕ぎ進み，ボラ等の魚や水面上に露出しているマングローブの気根に張り付くように休むミナミトビハゼ（トントンミー）等の生き物を観察する，面白い体験ができる場所です。動物に警戒されないように，静かに漕ぎ進むことができるのがマングローブ域でのカヌー体験のいいところです。

（2）大浦川㊲（名護市）

　大浦湾の最奥部の大浦川には，名護市指定の天然記念物である「大浦のマングローブ林」があります。オヒルギ，メヒルギ及びヤエヤマヒルギの3種

＊表1及び図2の場所の番号に一致する。

が自生しているのですが，前者2種が優占しています。大浦のマングローブは，大浦湾の最奥部に位置し，マングローブの前面の海側は，マングローブの全く自生しない広い面積の砂泥干潟となっています。

　名護市東海岸二見(ふたみ)以北10区の地域交流拠点施設として整備された，「わんさか大浦パーク」では，マングローブ林でのカヌー体験ができるツアープログラムが提供されています。2016年には，有料ではあるのですが，この施設から天然記念物のマングローブ林に至る700 m余りの木道が完成し共用開始となりました。カヌーだけでなく，木道からもマングローブが観察できるようになっています。マングローブが自生しない干潟面積が非常に広いので，マングローブだけでなく，シオマネキやミナミコメツキガニ等の干潟の生き物も観察しやすい場所になっています。

　満潮時に干潟の右岸側かカヌーでマングローブ林に漕いで入ることがきます。林冠(りんかん)に覆われた狭いマングローブ林内にカヌーで乗り入れる体験はここでなければ出来ないのではないかと思います。一方，左岸側は大浦川の本流になっていて，マングローブ林と農地の堺に位置し，満潮になると水没する沈下橋までカヌーで漕ぎ進むことができます。下流側では矮小型(わいしょう)メヒルギが河川本流側に自生し，その背後には背の高いメヒルギが自生し，上流側にいくに従いオヒルギの優先する林に遷っていきます。

（3）慶佐次川(げさし)⑤(東村)

　オヒルギ，メヒルギ及びヤエマヤヒルギの3種のマングローブが自生しています。10ヘクタールの面積があり，沖縄島では最も広い面積のマングローブ域です。前述しましたが，ヤエヤマヒルギの自然分布する北限地であることより，「慶佐次湾のヒルギ林」として国指定の天然記念物になっています。2016年9月に，「やんばる国立公園」が誕生しましたが，その時にこの地域も国定公園の範囲内となりました。沖縄島でのヤエヤマヒルギの分布箇所数として多くなく，自生個体数としても少なく，また，分布面積としても広いわけではありません。しかし，慶佐次川においては，河川沿いに連続的にヤエ

ヤマヒルギが自生し，また，マングローブ群落内においてもヤエヤマヒルギが優占しています。沖縄島では珍しい，ヤエヤマヒルギの優占するマングローブ林です。

　慶佐次川のマングローブ林は，1999年に「東村ふれいあいヒルギ公園」として整備されました。それまで，マングローブ林の近傍に整備されていた運動場を駐車場，東屋(あずまや)，芝生の広場へと作り変え，また，マングローブ林の陸側の縁及び林内に木道を通し，木道を歩きながらマングローブを観察できるような整備がおこなわれました。その頃から満潮時にマングローブ域をカヌーに乗りながら観察するツアーが実施されるようになりました。沖縄島においては，カヌーを漕ぎながらマングローブを観察するツアープログラムが提供された初めての場所が慶佐次川であったと思います。これが，現在では年間で約5万人のカヌー体験の観光客が訪問する現状に繋がっています。沖縄島で最も有名なマングローブ域となっています。

　マングローブは，河口近くの慶佐次大橋上流側右岸の砂州から上流700m余りの河川沿いの範囲に自生しています。慶佐次川のマングローブの自生する範囲内では護岸が無いのが慶佐次川の特徴であり，川の両岸にマングローブが繁茂する自然度の高い環境となっています。右岸側には広いマングローブ湿地が広がり一部が中州となっていますが，陸側と中州を隔てる水路は土砂の堆積が進みマングローブが自生しカヌーで通過することは出来ない現状となっています。カヌー体験は河川本流で行われているのですが，上流側ではやや川幅が狭まり，カヌー艇数が多い場合は，カヌー同士の衝突やマングローブの根との接触を避けが難しい場合もあります。

　現在，慶佐次区をはじめとする地域団体や沖縄県が中心となった「慶佐次川自然再生協議会」が，モクマオー等の外来種駆除，ワンド（淵）形成，赤土堆積の軽減策等の自然河川の再生の取組が進められています。近々，これら取組が功を奏し，今以上に自然豊かな慶佐次川が再生されることを期待しています。

（4）その他のマングローブ

　上記の3箇所は，マングローブを観察するための木道があり，カヌー体験等が地域の生業として行われている場所で，"やんばる"地域のマングローブを代表するような場所です。しかし，これら河川以外にも，マングローブ・カヌー体験に適した場所があるので紹介します。西海岸には，東屋部川㉜（名護市），奈佐田川㊺（名護市），饒平名海岸㊴（名護市），大井川㊽（今帰仁村）及び大保川㊽（大宜味村）があります。東海岸には，宜野座福地川㉘（宜野座村）と汀間川㊳（名護市）があります。いずれの場所もマングローブの自生する範囲が広く，カヌーに乗りながらマングローブ観察を楽しむことが出来る場所となっています。以下，西海岸と東海岸に分布するマングローブについて詳しく見ていきます。

西海岸

　東屋部川は，筆者の担当するエコツーリズムの野外講義でのカヌー体験や本学公開講座のカヌー体験で活用している場所です。河口の屋部支所から上流の白銀橋近くの約3 kmの範囲にマングローブが自生しています。殆どがメヒルギですが，株数とは非常に少ないですがオヒルギも自生しています。途中，マングローブが自生していない場所もありますが，河川沿いに分布するマングローブの範囲としては最も広く，また，満潮時の川幅も広いので，カヌー体験をする河川としては非常に適しています。下流の「宇茂佐の森公園」には人工干潟が整備され，メヒルギとオヒルギのマングローブ類，シオマネキ類，ヒメヤマトオサガニ，ニナミトビハゼ等の干潟の生き物を間近で観察することもできます。名護市市街地を流域とする都市型河川であり，ゴミが目立つ河川でありますが，ゴミ等の環境問題を考える場所としても適していると考えています。また，地域では，毎年，川を活かした地域活性化の取組として「屋部川七色にじまつり」が実施されています。筆者の担当するゼミナールでは，この祭りのカヌー体験の手伝いとして関わっています。これ以外にも，祭りのステージ・イベントでは本学の吹奏楽部も演奏を提供するこ

とで関わっています。

　奈佐田川は，マングローブの自生する中州が1箇所あります。オヒルギとメヒルギが自生していますが，オヒルギが優占します。2株ではありますが，移入種のヒルギダマシが植わっているのを確認しました。以前に，地域活性化の試みとして，カヌー体験が実施されたことがあります。下流側は川幅広く，開放感溢れるカヌー体験を楽しむことができます。

　饒平名海岸は，地域の学校（屋我地小学校・屋我地中学校）の環境学習の一環としてマングローブの植樹が行われてきました。現在は，「植樹」ではなく「育樹」とのことで，マングローブ干潟を適切に管理することに力点を置いた取組が実施されているとのことです。また，この場所は外来種であるヒルギダマシがほぼ湾全域に分布し，毎年，分布密度が高まり，分布面積も急激に拡大している場所です。沖縄島では最も樹高が高いと思われる，約12mに達するオヒルギ群落が，屋我地中学校の傍らの干潟に形成されています。

　大井川は，河口が400m余りと非常に広く，また，マングローブの自生する「かりゆし橋」の下流側でも，広いところでは川幅が200m近くあり，このことが沖縄島の他の河川と違う特徴となっています。マングローブはメヒルギだけが分布しています。エコツアー事業者により，マングローブ・カヌー体験プログラムが提供されています。

　大保川は，田港橋と大保大橋の間にオヒルギとメヒルギより構成されるマングローブが自生しています。田港橋から約200m上流の護岸沿い（河原の陸側の境）及び下流の約600mの約800mの範囲にマングローブが分布しています。マングローブは右岸側の中州が形成されている干潟と，量的には少ないのですが，左岸側にもマングローブが分布しています。大保川は河川環境復元に取組んでいる場所で，田港橋の上流側の右岸側には，流水の速度の軽減や進路を変更する等の為の水制工が多数設置され，自然の河川環境に近づけるような努力がなされています。現在は草が繁茂し立ち入ることが難しいのですが，左岸側には広い河原があり，水深が浅く流れが緩やかなの

でカヌーに乗り込みやすく，ゆっくりと川下りをしながら周りの景色を眺めることのできる河川として適しているといえます。

東海岸

宜野座福地川は，河口の「前原橋」の少し上流の中州から 700 m 余り上流の「宜野座兼久橋」の範囲にマングローブが分布しています。オヒルギ，メヒルギ，ヤエヤマヒルギの3種が分布していますが，オヒルギが優占しています。マングローブの自生する3つの中州があるのが特徴です。河口近くの中州は，岸との間は非常に浅くなっていますが，上流側の2つの中州は岸との間はやや深く干潮時であってもカヌーを漕ぎ進めることができます。宜野座村には，漢那ダムの下流になる漢那福地川㉗もありますが，河口に位置する宜野座村の道の駅「道の駅ぎのざ」の施設として親水公園が整備されカヌー体験ができるようにするとのことです。漢那ダムの堤体の直ぐ下流側に植樹されたマングローブ林があり，ここでもカヌーに乗りながらマングローブのある環境を楽しむことができます。

汀間川は，オヒルギ，メヒルギ，ヤエヤマヒルギの3種が分布するのですが，メヒルギが優占し，ヤエヤマヒルギは僅かしか分布していません。マングローブは河口近くから上流の「三原橋」の間の約 1,200 m の範囲に自生しています。東屋部川に次いで，河川沿いのマングローブの分布範囲が広くなっている河川です。中州の形成は無いのですが，マングローブが広範囲に自生するので，カヌー体験としても満足の得られる河川です。河口近くに非常に広い干潟が発達し，干潮時にはミナミコメツキガニが採餌しながら干潟の縁を人群で移動する様子を観察することができ，干潟の自然観察の場所としても面白い場所となっています。

"やんばる"ではないのですが，嘉手納町と読谷村境になる比謝川⑲と那覇市⑥の漫湖もマングローブが観察しやすい場所です。比謝川はメヒルギとオヒルギが分布するのですが，メヒルギが優占しています。カヌー体験プログラムがエコツアー事業社により提供されています。また，この河川は

2010年に沖縄県で2番目に,沖縄県の環境保全の仕組みのひとつである「保全利用協定」が締結された場所でもあります。漫湖には,オヒルギ,メヒルギ,ヤエヤマヒルギの3種が分布しています。環境教育施設として「漫湖・水鳥湿地センター」がありますが,この施設の一部としマングローブ湿地に木道が整備されています。この場所はラムサール湿地にも登録され,マングローブ干潟を採餌の場所とするシギ・チドリ類等,また,希少種のクロツラヘラサギも観察することができる,バードウォチングにも適した場所です。

4．おわりに

2016年度に沖縄県を訪れた観光客は,昨年に引き続き記録更新をして,876万人に達しました。また,外国人観光客は212万人で初めて200万人を超えています[4]。「沖縄観光推進ロードマップ」では,2021年に観光客1,000万人,その内,外国人観光客が20%の200万人との目標設定をしていました。しかし,外国人観光客数においては目標値である200万人を既に達成しています。沖縄観光の好調ぶりを示す結果であり,特に外国人観光客の増加が顕著で,予想を上回る早さで増加していることが解ります。このことは,今以上に外国人観光客への対応が求められることも意味しています。

観光動機には様々ありますが,目的地でしか体験できないこと等の地域の独自性は重要な観光動機となります。沖縄においては,「海の美しさ」や「森や川の美しさ」の期待度が高く,また,満足度も高くなっています[5]。沖縄の観光に期待されることは,自然に関することであることが解ります。これまで述べてきた,マングローブは沖縄を代表する自然環境の一つで,また,最も沖縄らしい自然景観の一つであり,マングローブ・カヌー体験は多くの観光客の参加しているエコツアー・プログラムの一つでもあります。外国人観光客は,日本人観光客よりもエコツアー等の自然体験型観光に対して参加が多いことが示されています[6,7]。エコツアーにおける外国人観光客への対応は,今後の沖縄観光の課題です。

東村慶佐次川のマングローブ域のように,多くの観光客が訪れている場所

もありますが，他の多くの場所では必ずしもそうではなく，今後の活用が期待されます。これら場所が活用されることにより，観光客の集中が進んでいる東村慶佐次川のマングローブ域のような場所から他の場所のマングローブ域へ観光客を分散することが可能になります。観光客の集中することによる環境悪化の防止と，混み合っていない状態でのマングローブ体験は観光客の満足度を高めることに繋がるとも期待できます。また，これにより，観光の効果をより広い範囲（地域）へ広げることができることになります。"やんばる"地域は，中南部地域に比べ自然度が高く，マングローブ・カヌー体験やマングローブ干潟観察できる場所が多く，自然志向の高い観光客を満足させることができる地域です。これらを観光資源としても活かし，"やんばる"地域を観光でも活性化することができます。

　追い風となる事柄としては，2016年の「やんばる国立公園」の誕生，延期にはなりましたが，"やんばる"が世界自然遺産へ登録されればこれまで以上に，"やんばる"のマングローブが利活用され，観光だけでなく，今以上に住んでも楽しい地域づくりが進むと考えています。

謝辞

　本稿の沖縄島におけるマングローブの分布状況は，嘉陽和那さんの卒業研究（2008年度）を基にしたものです。嘉陽さんが卒業研究として，名桜大学総合研究所のＰＣを使い航空写真データでマングローブ分布していそうな場所を調べ，これを基に殆ど沖縄島全体に及ぶ現地踏査を実行し，分布するマングローブ種，個体数，分布面積等の作業をおしていたのを思い出しています。ゼミの友人（上谷真里奈さん，仲間健二君，名城拓真君，宮國泰平君）の手伝いもあったようですが，作業量の多い非常に大変な仕事をまとめて頂きました。今回，「やんばるブックレット」として，沖縄島のマングローブについて記すことができたことは嘉陽さんのお陰です。感謝を申し上げます。

注
1) 『南の島の自然観察』146p.
2) マングローバル HP 〈www.manglobal.or.jo〉2017/11/06 閲覧.
3) 『琉球新報』(2018 年 5 月 5 日), 1 面.
4) 『琉球新報』(2017 年 4 月 21 日), 1 面.
5) 『平成 27 年度観光統計実態調査』, pp. 21-24.
6) 『平成 28 年度外国人観光客実態調査概要報告』, 沖縄県文化観光スポーツ部(平成 29 年 6 月), 10p. 〈http://www.pref.okinawa.lg.jp/site/bunka-sports/kankoseisaku/kikaku/report/inbound_survey_report/documents/summary-internationaltouristssurvey.pdf〉2017/11/06 閲覧
7) 『平成 27 年度観光要覧(沖縄県)』, 沖縄県(平成 28 年 8 月), 13p.〈http://www.pref.okinawa.jp/site/bunka-sports/kankoseisaku/kikaku/report/youran/documents/170120h27-2r.pdf〉2017/11/06 閲覧.

参考文献

新垣裕治(2017)「沖縄島羽地内海沿岸及び屋我地沿岸干潟におけるマングローブの分布状況について」『名桜大学紀要』(22), pp.13-22.

新垣裕治・宮良工・宮本真琴・伊芸元(2015)「沖縄屋我地島の饒平名干潟に分布拡大するヒルギダマシ(Avicennia marina)に関する研究-干潟生態系へ与える影響について-」『名桜大学総合研究所紀要』(22), pp.17-23.

新垣裕治・山田慶紀・比嘉博斗(2013)「沖縄県屋我地島の饒平名干潟に分布拡大するヒルギダマシ(Avicennia marina)に関する研究 -国内移入したマングローブ種の分布動態-」『名桜大学総合研究所紀要』(22), pp.17-23.

池原貞雄(監修)(1991)『私たちのマングローブ』. 丸正印刷, 39p.

中須賀常雄(1979)「マングローブ林の林分解析」『琉球大学農学部学術報告』(26), pp.413-519.

中須賀常雄・大山保表・春木雅寛(1974)「マングローブに関する研究 Ⅰ. 日本におけるマングローブの分布」『日本生態学会誌』24(4), pp.237-246.

中須賀常雄・小橋川義博(1976)「マングローブに関する研究 Ⅳ-(2)沖縄本島・久米島におけるマングローブの分布状況」『琉球大学農学部学術報告』(23), pp.313-337.

土屋誠・宮城康一(編著)(1991)『南の島の自然観察』. 東海大学出版会, 194p.

やんばるの自然環境観光資源の管理・保全における課題
―コモンズとしての自然海岸の管理を誰が決めるのか―

田代 豊・野波 寛・大友 章司・坂本 剛

　自然環境観光資源の管理・保全のためには，自然保護との両立が難しい開発事業などをどのようにコントロールするかが重要です。このような事業に関する意思決定や合意形成の過程を望ましいものとするために，様々な立場の人々はどのように関与するべきなのでしょうか。本章では，やんばるの重要な自然環境観光資源の一つである自然海岸における護岸などの建設事業を題材として，社会心理学の研究成果と地元住民のアンケート結果を参照しながら考察します。

１．やんばるの海岸整備事業と批判

　南西諸島は台風の進路にあたることが多く，過去に多くの被害を受けてきました。とくに海岸に面した地域では，台風に伴う高潮や高波による家屋や農地の浸水，塩害などの甚大な被害を受けることがあります。このため，これを防ぐための護岸建設などの「海岸整備事業」が国や県などの行政によって実施されてきました。
　やんばる地域に含まれる国頭村，東村，大宜味村，名護市，宜野座村，金武町の海岸に面した地域の区長を対象者としたアンケート調査（田代 2018）を実施したところ，半数を超える地域の人（61人中33人）が高波による被害を受けていると回答しました。ただし，市街地を含む名護湾岸地域では被害がやや少ないようでした（図１）。
　また，高波対策の護岸工事などの必要性を尋ねると，約６割の地域の人

が（61人中37人）が，「是非やってほしい」または「できればやってほしい」と回答しました（図2）。とくに，高波による被害が出ている地域の人の方が工事を希望する回答が多く出され，被害が「とてもある」地域では8割の地域の人が工事を「是非やってほしい」と回答しました（図3）。ただ同時に，被害が「とてもある」地域でも護岸工事を「やらなくてよい」と回答する人もあり（13人中3人），また逆に，被害が「まったくない」（16人）

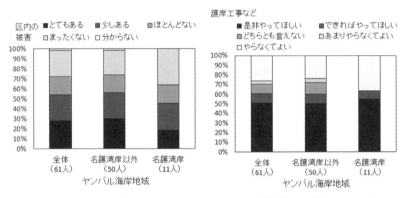

図1　「最近，台風などの時には，海岸の高波で区内に被害が出ることがありますか？」に対する回答

図2　「高波対策の護岸工事などは，今後区内の海岸で必要だと思いますか？」に対する回答

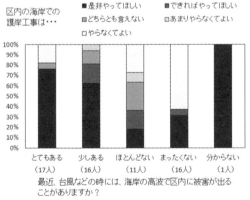

図3　被害の有無と護岸必要性の回答の関係

にも関わらず護岸工事を「是非やってほしい」と希望する場合も少なからずある（5人）ということが分かりました。

　ところが，近年，護岸建設や埋め立てなどによって国内の自然海岸が減少を続ける中で，やんばる地域を含む南西諸島海岸についても，同様な問題が研究者や自然保護団体などから指摘されています（宇多ら 2002，仲座 2004）。これらの指摘は，自然海岸が備えていた景観や植生などが人工構造物の出現によって変容したり，祭祀の場としての機能が低下したりすることを問題視し，自然海岸の景観・地形・生態系の基盤としての価値などに注目しています。このような価値については，政府が定めた「海岸保全基本方針」の中でも「自然と共生する海岸環境の保全と整備を図る」ことがうたわれていますが，それをどのようにして実現するかは明確にされておらず，海岸の自然は破壊され続けてきたと言えます（茅野 2011）。一般に，森，川，海というような自然物は，食料を得たり祭祀の場となったり，あるいは観光の対象となったりというように，様々な人に利用されます。こうした利害や価値観の異なる多様な人々が共同利用するものを一般にコモンズ（共有財）と呼びますが，多くの自然物はコモンズとしての性質を持っています。上述のような指摘は，自然海岸のコモンズとしての価値の保護を訴えているものです。そして，このような価値は地元住民に限らず広域的な市民全体が利用する性質のものであるため，広域市民の利害を代弁していると見ることができます。先ほど見たように，護岸建設などは地元地域の防災のために必要と考えられているので，自然保護と防災というジレンマが生じていることになります。そこで，相対的にどちらをより重視するかを巡り，何らかの社会的な意思決定が必要と言えるでしょう。

2．やんばるの地元住民と自然海岸

　一般に護岸堤の建設のような防災事業は行政が実施する公共事業ですが，その実施過程では「地元」の要望を受けて発案されたり，「地元」の同意を得て着工されたりというように，事業が実施される地域の人々の意見が何ら

かの形で反映される場合が多いです。「海はみんなのもの」と言われるように，海辺は特定の住民が所有するものではありませんが，海岸の管理政策は，そこに面して居住する地域住民の生活への影響が大きいためでしょう。ここで，行政が「地元」と言う時に，具体的に誰のことを指すのかについては必ずしも明確ではなく，沖縄でも新石垣空港建設計画などの際にその恣意性が問題を生みました（家中 1996）。いずれにせよ「地元」の人々の考えがどうであるかということが，このような事業の実施に大きく関わってくることになります。

では，自然環境の意義や現状について，やんばる海岸地域の地元住民はどのように考えているのでしょうか。上述の海岸に面した地域でのアンケートでは，沖縄県（2016）が県民全体を対象として実施したアンケートと同じ質問項目を用いて、どのような分野の事柄が自分の今のくらしにとってより重要と考えているかについても調べてみました（表1）。

その結果、「地震・台風などへの防災対策が充実していること」が「非常に重要である」と答えた人の割合は，市街地に近い名護湾岸を除くヤンバル

表1　各項目が「今のくらしにとって非常に重要である」と回答した人の割合の順位

事項	「非常に重要である」と答えた人の割合（%）			
	沖縄県＊	ヤンバル海岸地域		
		全体	名護湾岸以外	名護湾岸
収入が着実に増えること	68.1	65.6	66.0	63.6
仕事と子育て、介護などが両立しやすい労働条件や職場環境が整っていること	67.5	76.7	77.6	72.7
地震・台風などへの防災対策が充実していること	67.0	70.5	76.0	45.5
安心して子供を生み育てられる環境が整っていること	66.8	88.5	88.0	90.9
病気の予防のために、健康診断、健康の相談が受けやすいこと	58.5	68.9	66.0	81.8
生涯を通して学習する機会が得られていること	45.3	47.5	48.0	45.5
豊かな自然が保全されていること	42.2	59.0	62.0	45.5
離島と沖縄本島間など移動が気楽にできること	39.6	37.7	42.0	48.2
女性が社会活動に積極的に参加し、能力を発揮できること	38.7	59.0	58.0	63.6

＊：沖縄県（2016）

海岸地域では9事項中3位と高く、沖縄県全体における割合よりもやや高くなりました。一方、「豊かな自然が保全されていること」が「非常に重要である」と答えた人の割合は、名護湾岸を除くヤンバル海岸地域では、他の子育て環境や女性の社会進出に関する事項とともに、沖縄県全体と比較して顕著に高くなりました。自然が多く残されたやんばる地域の住民は、自然災害を経験、あるいは想定して防災対策を重視し、一方で、市街地の住民以上に自然を守ることが「重要である」と考えていると言えます。

次に、自分の住む地域の海辺で景色の良い場所を挙げてもらい、その海辺について尋ねると、自然が「よく残されている」と答えた人が43％で、「比較的残されている」と答えた人は18％でした。やんばるに住む多くの人が海辺の自然が残されていると考えているわけです（図4）。さらに、こうした地元の景色の良い海辺について自然が残されていると答えた人の方が、「自然のすばらしさを自慢できるような場所」として海辺を挙げ、また、地域の景色の良い海辺に観光客や行楽客が訪れていると回答する割合が高くなりました。

ところがここで、地域の景色の良い海辺について自然が「よく残されている」と答えた人が回答の中で挙げた海辺を実際に調べてみると、場所が特定できた18か所のうち目立った人工物のない海辺は6か所だけで、他の12か所は護岸や漁港などがあり自然海岸とは呼べない場所でした。海岸から見える沖合の海は紛れもない自然物ですが、目の前の海岸の自然が人工物によって改変されることについては、地元の人はあまり意識していないようです。

例えば環境省の定義では、「自然海岸」は、海岸が人工によって改変されないで自然の状態を保持している海岸のこ

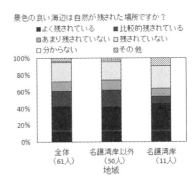

図4　「区の中の海辺で、景色の良い場所は、自然が残された場所ですか？」に対する回答

とを言い，海域に離岸堤等の人工構造物（潜堤は除く）がある場合は，「半自然海岸」と呼んでいます。さらに，海岸そのものが埋め立てや護岸で形作られている場合は，「人工海岸」と呼びます。環境省の海岸調査の中でこのような海岸の区別があること自体，人工構造物のない海辺が，それがある場所とは違う存在意義を持つと考えられていることを示しています。また，多くの日本人は，自然海岸として，人間が手を加えた形跡がほとんどない海岸をイメージしています（敷田・小荒井 1997）。こうして見ると，景観や生物多様性に関連した恩恵などのために自然を守るべきと考える広域市民や研究者，自然保護団体などの人々と，海辺や森林が生活の場に含まれるやんばる地域の住民とでは，守るべき自然とはどのようなものか，ということについての考えが異なっているものと考えられます。

　前述のように，やんばるの海岸地域では高波被害が多いのですが，護岸工事の実施主体である県などの行政にとって災害の防止は重要な業務であり，積極的に護岸建設などの事業を計画し実施してきました。行政担当者にとっても，このような事業を実施することは実績の一つとなることであり，事業自体が目的とする効果だけでなく，自身やその所属集団のために必要なことでもあります（松尾 2001）。従来の海岸管理政策は，防災を優先したために環境の悪化につながったことが反省されています（沖縄県 2003）。一方，小規模な集落における意思決定手続きの正当性をめぐる過去の紛争事例を見ると，手続きの民主性が重視されていないコミュニティでは，いわゆる有力者が主導したインフォーマルな形で意思決定が行われる場合が少なくないようです（安里 1981，野島 2004）。とくに災害に関連した事案の場合には，そうした決定が何らかの問題を生じさせた場合の責任が個人にかかることから逃れるために，リスクを際限なく下げる方向に向かい，結果的に過大な対策を求める可能性が高くなると考えられます。これに加えて，前述のように住民の多くは，海岸に構造物が建設されても直ちに自然が失われたとは考えないため，自然を守るべきだと考えていても，護岸工事については容認あるいは推進する側に立つ場合が多いようです。

実際の海岸整備事業の計画過程では，地元住民の意見を聴取する場が設けられることはあっても，広域市民が参画する機会はほとんど設定されません。その結果，事業を実施する行政は地元住民の希望や価値観だけを重視した「偏った地元主義」に陥る可能性が生じ，広域的なメリットである自然保護の実現を難しくしていると考えられます。何らかの方法で広域市民の意見を顕在化させることが必要ですが，例えば直接的な方法の一つである市民投票は，投票結果の扱い方によっては多数者の利益のために少数者に負担を押し付けることに結びつく危険性もあります。そこで，やんばるの海岸整備をめぐる自然保護と防災というジレンマに対する社会的な意志決定には，広域市民や地元住民を含む様々な立場の人々が参画した何らかの協議の場が必要であると考えられます。

3．アクター相互の正当性認知のずれ

　こうした協議は，どうすれば実現するのでしょうか。コモンズの中には，利用者が自分勝手な利用の仕方をすると遅かれ早かれその価値を失い，誰も利用できなくなってしまうものがあります。そこで，コモンズを長期的に利用し続けるためには，それを利用する人々の行動に一定の統制を加えるルール（規範や制度）を構築する必要があります。その際，どのようなルールを作るかはコモンズを利用する人々に様々な影響を及ぼす重要な社会的決定なので，それがどのようにして決められるのか，とくに，誰が決めるのかということは重要な問題となります。

　例えば海岸の利用や管理に関係する人々について考えると，地元住民，漁業者，観光客，観光業者，行政などのように，利害や価値観，意見や立場を共有する人々からなるいくつかのグループが想定されますが，こうした人々のグループのことを「アクター」と呼ぶことがあります。海岸整備の方針決定も，海岸というコモンズの管理に関するルール作りなので，まず誰がそのルール作りに参加するかを決めなければなりません。ところが，誰が参加すべきと考えるか，つまり，自分や他の人が含まれるどのアクターが決定に参

加することを正当であると考えるかは，その人自身がどのアクターに属するかによって異なることがあります。こうした考えがアクターによって異なっていると，ルール作りがスムーズに進まなかったり，作られたルールが機能しなかったりというようなことが生じます。そこで，コモンズの管理にあたっては，こうした各アクターの決定への関与の正当性についての考えがアクター間で一致しているかどうか，さらに，どうすれば一致させられるかということが重要になります（野波 2017）。

私達研究グループでは，公共事業のあり方の決定過程に対する各アクターの参画の正当性について，地元住民と広域市民との間で考えにどのような違いがあるかを調べるため，名護市東海岸での護岸工事計画を題材とする仮想シナリオを提示したアンケート調査を，名護市内の各地区で実施しました（大友ら 2016）。ここで，名護市東海岸の海岸整備事業にとって，東海岸の住民は地元住民，名護市街地住民は広域市民としての立場にある一般県民と見ることができ，各々の立場の人々に自分と他の立場の人々の決定への参加を正当と考えるかどうかを尋ねました。

その結果からは，地元住民は地元住民によって，また，広域市民は広域市民によって，より高く正当性を評価されていました（図5）。すなわち，相対的に自分が属さないグループの正当性を低く評価しているわけで，これは一般に「内集団バイアス」と呼ばれる心理現象と考えられます。海岸を，災害をもたらす迷惑源とみなす地元住民と，貴重な自然環境とみなす広域市民とは，相互に価値判断が異なるグループであると考えられますが，両者の間では，コモンズの管理政策の決定過程への参加について，相互の正当性認知にずれがあると言えます。

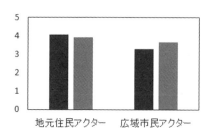

図5　各アクターの正当性の認知の平均値

それでは，こうした自他の属する各アクターが決定に参加する正当性を，

人はどのようにして評価しているのでしょうか。これには大きく2種類の評価軸があると考えられます。その一つは、そのアクターが決定に関わることが、例えば法律などで決められているかどうか、というような、制度的基盤です。もう一つは、そのアクターの人々が信頼できるか、あるいは能力がありそうか、というような主観的な評価による認知的基盤です。この調査の結果からは、とくに地元住民は、広域市民に対して制度的基盤を低く評価していました（図6）。さらに地元住民は、広域市民が自分たちの地域の海岸管理政策に関与することに対して、「不満や苛立ちを感じる」といった否定的な情動反応が強いことが分かりました（図7）。地元住民は広域市民を当事者ではないと捉え、その関与には反発があるようです。また、決められた政策を受け入れたり支持したりする協力意図は、地元住民、広域市民ともに、認知的基盤から直接的な影響を受けていることが分かりました。これは、相互に自分との価値観の相違を感じている両アクターが、その上で自分に好ましい判断をしてくれそうな者には、正当性を介さずに協力するという戦略的思考が働いていることを示しているものと考えられます。

このように、海岸管理をめぐる意思決定過程には、地元住民と広域市民というアクター間で相互の正当性についての考え方に大きな隔たりがあります。井上（2004）は、コモンズの管理において、すべての利害関係者の平等な参加でもなく、極端な地域主義でもない、「開かれた地元主義」に基づ

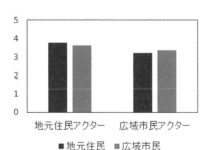

図6　各アクターの制度的基盤の認知の平均値

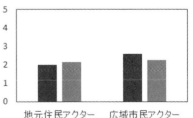

図7　各アクターの否定的な情動反応の認知の平均値

く「協治」を提唱しています。しかし，上述のような相互の参画についての考えが合わない心理状況は，事業計画の決定に関する多様なアクターによる協議の成立を阻害し，「協治」の実現を難しくしていると言えるでしょう。それでは，このような状況を変えるためにはどのようなことが起こればよいのでしょうか。鬼頭（1998）の「よそ者」論では，地域住民の社会に広域市民であった「よそ者」が生活者として入り込み認知的基盤を得ることにより，地域住民の間にそれまでなかった視点（広域市民の価値観）が導入される可能性を述べています。そこでは，自然保護に関心のある個人的な価値観を実現しようとする「よそ者」の主体的な活動が想定されています。しかし，こうした個人ではなく，行政などが行う政策決定過程において，地元住民と特段の関係を結ばない広域の一般市民の価値観をいかにして実現するべきかという問題には，それを実現するための社会的な制度あるいは方法論が必要でしょう。

4．正当性の認知を一致させるために

　過去の研究結果からは，制度的基盤が低い場合には，認知的基盤に敏感な正当性評価が行われ，自分に好意的であると感じられない相手は排除しようとする傾向が強くなることが分かっています（野波・加藤 2012）。そこで，そのようなアクターの中では，地元のコミュニティとの人間関係を築き特別な認知的基盤を得た人物でない限り，意思決定に参加することを地元住民から拒絶されることもあります。こうした状況を変え，一部の人の価値観や利害に偏らない決定に近づくためには，例えば，沿岸環境の広域的なコモンズとしての価値（生物多様性，景観資源など）に対する地元住民の理解と，沿岸集落での生活についての広域市民の理解の普及などによる，相互の信頼関係，価値観の共有によるアクター相互の認知的基盤の強化が有効である可能性が考えられます（舩橋 1995）。しかし，それに加えて，正当性評価を認知的基盤に敏感なものにさせている制度的基盤の弱さを改善することも必要と考えられます。

海岸整備などの公共事業では，これを計画する行政が広域市民や自然保護団体などを積極的に協議に参画させない限り，これらのアクターの正当性認知における制度的基盤は地元住民などから低く認識されると考えられます。広域市民アクターの制度的基盤を強化するためには，言うまでもなく，その立場を行政などが何らかの形でオーソライズすることが大きな影響を与えるはずです。このようなことが実現したケースは少ないと考えられますが，過去の沖縄の海岸管理政策に関する協議の場で，そうした事例と見ることのできる次のようなできごとがありました。

　やんばる地域の河川および海岸における「自然再生」工事の実施を企図した行政（内閣府沖縄総合事務局が中心となった）による「やんばる河川・海岸自然再生協議会」（2004年6月〜2007年1月）では，新聞広告などによって協議会メンバーが公募され，45〜49人の「公募委員」が参加しました（委員数は時期により変動）。この協議会は，行政の関連部局担当者（国・県・市町村）と，これら「公募委員」がメンバーとなって会議を開き，やんばる地域の河川と海岸における自然再生事業の実施内容について協議し，その「自然再生全体構想」を策定することをミッションとしていました。主催者は「公募委員」を，およそ半数を占める「団体・法人委員」と残り半数の「個人委員」に分類していましたが，実際には「個人委員」の中にも主催者からの参加依頼を受けた研究者や自然保護団体メンバー，コンサルタント会社社員などが含まれ，これに個人の自主的な意志で参加した市民（居住地がヤンバル地域に限定されない広域市民）が混ざるという構成でした（沖縄総合事務局 2007）。

　主催者である行政側は，この協議会をスタートさせるよりも前に準備会を開催し，河川流域における生物保護を目的とするローカルな自然保護団体と生物研究者の意見を聞いて大筋の同意を得た事業の実施内容案を持っていました。ところが協議会の場では，事業実施予定地域の住民を唐突に招いて発言させ，地元の意思を尊重した原案を作成したかのような演出を図るなど，運営方法のまずさが一部委員の間に反発を生み，それをきっかけとして，参

加した広域市民の中に海岸自然環境の保護について価値観を共有する自発的なグループが生まれました。このグループは，ローカルな自然保護団体や，それと一部住民の意向だけに注目していた行政と，事業の目的や対象範囲などの基本的な方針を巡って鋭く対立するようになりました。このグループは，協議会メンバーという制度化された立場を得ていたため，地域的つながりのある生活者という側面を強調することによって自らの立場を確保する必要がありませんでした。そして，あくまで広域市民という立場で，その価値観を「地域で長年活動してきた」自然保護団体や地元住民の意向と対等に主張し続けることができたわけで，Ostrom（1991）が指摘した，地域の中から発生した管理の仕組みが外的な制度的環境の中で入れ子構造となるコモンズ管理に近い状況が期せずして実現したと言えます。

　しかし，このような事態は，協議会を主催した行政やローカルな自然保護団体には想定外であったようでした。行政側の担当者は，自らも含めた意見の対立を調整することが困難となり，最終的には 2006 年までに全国で設立されていた 19 の自然再生協議会の中で唯一，「自然再生全体構想」を取りまとめられずに事業を中止して協議会を解散しました。

　この結末について，行政側は「2 年余の時間をかけて本協議会の目的及び内容を説明したが」うまくいかなかった，としています。しかし，これを広域市民の側から見ると，行政とローカルなグループが構想していた自分たちの価値観に合わない事業を実施しないという結果が，協議会によって得られたということになるでしょう。バラバラの個人であった市民の自発的な意見が，協議会に関わる活動を通じて集約される機会が生まれ，協議の場で他のアクターとの相違が明確になり，その結果，当初の計画の内容や考え方は社会的合意を得られるものではないことが明らかになり，最終的に「ゼロ・オプション」（何もしない選択）が選択されることになったわけです。こう考えると，その結果が「自然再生」に対してもたらしたことの良し悪しは別として，この過程は協議会という仕組みが有効に機能した事例であったと見ることもできるでしょう。ただこの結末が，「合意」ではなく「解散」という

形を取らざるを得なかったのは，行政側が当初の目算と異なる結末に向かった場合に，それが「不調である」ととらえなければならない前提に立っていたことに原因があったと考えられます。行政側は，自然保護に関する広域市民の利害と，それが制度化された立場を得て表明された場合に他のアクターと対立を生じる可能性があることを認識できていなかったのでしょう。市民の意見を聴取した場合であっても，なお，行政はそうした意見を事業に反映することに消極的であることが多く，行政が立案した計画が大幅な変更や中止になった事例は，徳島県の吉野川可動堰建設計画をめぐる事例（住民投票で多数の反対意思が表明された）など，ごく限られています（松尾 2001）。しかし，本来はこうした考えの相違や対立こそが社会的意思決定における協議のスタートラインなのであって，この事例は，広域市民の制度的基盤が強化された場合に，自然保護に関連する社会的な意思決定過程に大きな変化が生じる可能性があることを示唆しています。

5．多様な価値観の顕在化と調整

　上記事例のような制度化された立場を付与する機会を設けることは，アクター間の正当性認知においても広域市民の制度的基盤を強化するものと考えられます。それによって認知的基盤への依存が低くなれば，本稿第 1 項で挙げたような，自然物のコモンズとしての価値に着目する広域市民が地元住民を含めた協議の場に参画しやすくなり，協議が円滑化することが期待されます。

　自然環境観光資源の管理・保全施策が有効に機能するためには社会的な合意形成が必要ですが，その実現のためには，様々な人間集団とそれら相互の関係，さらに社会全般の仕組みについての理解や考察が重要です。現状では，やんばるの自然に関するこのような観点での検討や調査研究は，例えば観光客の行動や観光施設の経営，あるいは自然環境そのものなどに関する諸分野の調査研究と比較して十分とは言えないでしょう。様々な価値観に基づく検討や有効な合意形成がないままに意思決定がなされ，それが結果的に自然保

護の実現を難しくしている場合もあると考えられます。行政のみならず私達社会の各アクターは，安易な「地元丸投げ主義」に陥ることなく，どうすれば様々なアクターの異なる価値観を顕在化させ，それらを調整できるかについて，問題意識の共有と実効性のある取り組みが必要です。それが，自然環境の保全と利用を，より望ましい形に近づけることとなるはずです。

引用文献
安里清信（1981）『海はひとの母である―沖縄金武湾から―』，晶文社.
井上真（2004）『コモンズの思想を求めて』，岩波書店.
宇多高明・菊池昭男・西隆一郎・芹沢真澄・三波俊郎・古池鋼（2002）宮古島における海岸護岸の建設とそれによる人工海岸化・生態系の喪失, 海岸開発論文集, 18, 695-700.
大友章司・田代豊・野波寛・坂本剛（2016）海岸管理政策における関与アクター相互の正当性の承認プロセスモデル, 社会技術研究論文集, 13, 77-85.
沖縄県（2003）『琉球諸島沿岸海岸保全基本計画』.
沖縄県（2016）『第9回県民意識調査報告書　くらしについてのアンケート結果』http://www.pref.okinawa.jp/site/kikaku/chosei/kikaku/isikityousa.html [2017. June 12].
沖縄総合事務局（2007）『やんばる河川・海岸自然再生協議会』http://www.dc.ogb.go.jp/Kyoku/information/yanbarusizen/sizennsaiseitop/sizensaiseitop.htm [2017. June 12].
鬼頭秀一（1998）環境運動／環境理念研究における「よそ者」論の射程, 環境社会学研究, 4, 44-59.
敷田麻実・小荒井衛（1997）1960年以降の日本の自然海岸の改変の統計学的分析, 日本沿岸域学会論文集, 9, 17-25.
田代豊（2018）海岸の防災と自然に関する沖縄島ヤンバル地域住民の意識, 名桜大学総合研究所紀要（投稿中）.
茅野恒秀（2011）沿岸域管理における環境政策と環境運動―海の自然保護をめぐる指摘考察―, 総合政策, 13, 1-20.
仲座勇栄（2004）亜熱帯島嶼環境域における海浜護岸工の造成と海浜の保全に関する調

査研究―沖縄県の宮古島及び渡名喜島を事例にして―，琉球大学農学部学術報告，51，67-76.
野島虎治（2004）『沖縄の開発を考える―歴代沖縄総合事務局次長に聞く―』，沖縄建設新聞．
野波寛・加藤潤三（2012）法規性は正当性に対する信頼性の影響を阻害する？：沖縄県におけるコモンズの管理権をめぐる多様なアクターの制度的基盤と認知的基盤，社会心理学研究，28，1-12.
野波寛（2017）『正当性の社会心理学：海と草原と基地が問う「社会的決定の権利」』，関西学院大学研究叢書188，ナカニシヤ出版．
舩橋晴俊（1995）環境問題への社会学的視座―「社会的ジレンマ論」と「社会制御システム論」―，環境社会学研究，1，5-20.
松尾真（2001）吉野川と河川行政の問題性－現代日本の環境政治の1考察－，京都精華大学紀要，20，90-106.
家中茂（1996）新石垣空港建設計画における地元の同意, 年報村落社会学研究32『川・池・湖・海　自然の再生21世紀への視点』（日本村落研究学会編），農山漁村文化協会．
Ostrom, E.（1991）Governing the common: The evolution of institutions for collective action. New York, NY: Cambridge University Press.

文化遺産と観光ボランティアガイド
－今帰仁グスクを学ぶ会の活動から－

卯田 卓矢

1．はじめに

　観光形態が多様化する現在，これまでの名所地や温泉地などを団体で周遊する大量消費型のレジャーに加えて，地域の歴史や文化を学ぶ観光のスタイルが注目されています。この学習型観光への高まりに対し，旅行者に地域の観光資源を紹介し，「学び」を促す仕組みとして観光ボランティアガイド活動があります。観光ボランティアガイド活動とは地域の住民や観光関連団体が無償または低廉な料金で旅行者にガイドを行うものです。ガイド活動は主に，国立公園や世界自然遺産などの自然地域を案内するガイドと，地域の歴史や文化を案内するガイドがあります。観光ボランティアガイド団体調査結果によると，2015年現在の全国におけるガイド組織数は1,688に上り，その数は年々増加しています。とくに，後者の地域の文化資源を紹介する組織の増加が顕著です。この背景には，地域観光の需要拡大やボランティア意識の高まり，ガイド活動の主たる担い手である定年退職者の増加などが指摘されています（横山，2009；磯野，2016）。地域資源を軸とした観光が重視される中，観光ボランティアガイドは地域の魅力の発信者として，また地域観光における新たな実践者として大きな期待が寄せられています（フンク，2008など）。

　ただ，ガイド組織の中には設立したものの十分な活動ができず，休止あるいは解散する組織も少なくありません。横山（2009）や安福（2014）によると，その理由には継続的に参加できるメンバーの確保が困難であること，有志を中心とした組織構成では運営方針などをめぐって意見対立が生じやす

いこと，活動を進める上での財源的基盤が脆弱であることなどが指摘されています。

しかし，こうした課題を抱える組織がある中で，本稿で対象とする今帰仁グスクを学ぶ会（以下，学ぶ会）は活発な活動を展開しています。学ぶ会は2005年7月に設立された今帰仁城跡を案内するガイド組織であり，平均年齢65歳の会員約26人（2015年7月現在）が活動を行っています[1]。詳細は後述しますが，学ぶ会は毎年約1万2,000人もの観光客を案内しているほか，城跡内清掃や会誌の発行なども行っています。そのことから，学ぶ会は設立以降，ガイド組織として順調に発展してきたといえます。本稿ではこの学ぶ会の活動に注目し，先に示したガイド組織の課題をどのように乗り越え，組織として発展を遂げたのかを検討します。こうした発展の要因を分析することは，停滞しがちな組織の課題解決に向けて，また地域における観光振興の可能性を捉える上で重要な知見を提供するものと考えられます。

2．今帰仁村の観光と今帰仁城跡
（1）沖縄県の観光－世界遺産「琉球王国のグスク及び関連遺産群」の登録－

沖縄県の入域観光客数は1972年の本土復帰以降，沖縄国際海洋博覧会の開催などを機に増加し，とくに最近の5年間は前年度比10％増と急増しています[2]。沖縄県の観光対象は従来，青い海や白い砂浜が中心でした。しかし，先述した観光形態の多様化やNHK連続テレビ小説「ちゅらさん」のヒットなどから，近年では沖縄の伝統文化に対する関心が高まっています（多田，2008）。その中で，2000年に本島内9か所のグスクやウタキなどが「琉球王国のグスク及び関連遺産群（以下，遺産群）」として世界遺産に登録されました。世界遺産とはユネスコ（国連教育科学文化機関）が世界遺産条約に基づき「顕著な普遍的価値」をもつ物件を登録する制度であり，日本では2016年現在，文化遺産16件，自然遺産4件が登録されています。世界遺産の登録は遺産保護が本来的な目的ですが，登録をきっかけに「世界遺産というブランド」のもとで観光客が詰めかけることが少なくありません。その

ため，登録施設をもつ自治体では世界遺産を軸とした観光振興が積極的に行われます。

　沖縄県でもこうした取り組みは行われています。たとえば，世界遺産の一つである斎場御嶽（南城市）では観光客増加に伴い，入り口付近に学習施設「緑の館・セーファ」が整備され，また周辺には駐車場，カフェ，レストランなどを備えた地域物産館が開設されました。一方，観光客への「学び」の提供や交流を重視した取り組みも進められています。その一つに本稿で注目しているガイド活動があります。自治体のパンフレット等によると，「遺産群」に関わるガイド組織として，中城村・北中城村文化財案内人サークル「グスクの会」，アマミキヨ浪漫の会，NPO法人那覇市街角ガイド，今帰仁グスクを学ぶ会などがあります。

（2）今帰仁村の概要と観光動向

　国頭郡今帰仁村は沖縄本島北部に位置する村であり，西部に本部町，南部に名護市と接しています（図1）。面積は 39.8㎢，人口は 9,514 人です（2017年 3 月現在）。沖縄県は第 3 次産業構成比が 86.1％（2012 年）と他府県に

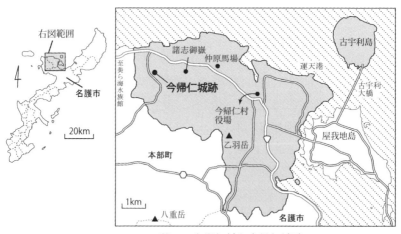

図1　今帰仁村と今帰仁城跡

比べ高いことが知られています（全国平均は75.3％）。一方で今帰仁村は村内に今帰仁城跡や古宇利島などの観光資源があるものの，2010年の統計では第3次産業が59.7％，第1次産業が26.1％となっており，第1次産業が高率を示しています。村の土地利用をみると，農地面積の割合は沖縄県内でも高く，今帰仁村は農業地帯としての特徴を有しているといえます。

　今帰仁村の観光の中心は今帰仁城跡とその関連施設です。今帰仁城は13世紀末ごろに北山王が築城した一大グスクであり，三山統一後は北山監守（北山国の監視を目的とした官職）の居城として位置づけられました。その後，1609年の薩摩藩の琉球侵攻の際に焼失し，廃城となりました。

　この今帰仁城跡は世界遺産登録以前から本島北部地域の主要な観光地として多くのガイドブックに取り上げられています。図2は今帰仁城跡の観光客数を示したものです。1980～90年代にかけて年間約11万人が訪れています。その後，2000年に今帰仁城跡が「遺産群」の一部として世界遺産に登録されると，観光客は年間約20～25万人とほぼ倍増しました。今帰仁村ではこの観光客増加への対策として城跡周辺の施設整備を実施し，2005年9月に券売所，休憩所，展示スペースを備えた今帰仁村グスク交流センターを開設しました。

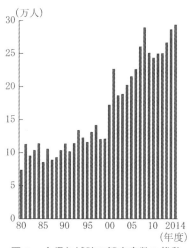

図2　今帰仁城跡の観光客数の推移（1980～2014年）
（今帰仁村提供資料により作成）

3．今帰仁グスクを学ぶ会の設立と展開

（1）今帰仁グスクを学ぶ会の設立経緯と組織構成

　今帰仁村は今帰仁城跡の観光振興策として主に施設整備を行ってきまし

た。一方で，観光客への「学び」の機会提供や地域住民との交流などの取り組みはあまり重視されてきませんでした。今帰仁村ではこうした状況を受けて，世界遺産登録から5年後の2005年に案内ガイドの人材育成を目的とした「今帰仁城跡案内ガイド養成講座」（以下，講座）を開講しました[3]。受講者は村内に限らず広く募集され，本島中南部の居住者を含む約50人が受講しました。講座終了後，受講者の中からガイド組織の立ち上げの声が上がり，同年7月に受講者と講座関係者14人により学ぶ会が設立されました。

学ぶ会は設立当初から組織づくりを重視し，活動内容や役員選出などを定めた会則を作成しました。2015年現在の役員構成は，理事長1人，副理事長2人以内，監事2人以内，事務局長1人，会計2人以内などとなっています。また，運営体制をみると，総会，理事会（月1回開催）の下に事業部，総務部，特別部の3部門があり，事業部はガイド業務，研修事業，保全整備事業，地域資源の活用と人材育成の4つの活動，総務部は図書の整備拡充，広報活動，会員相互の親睦の3つの活動，特別部は創立10周年記念事業を行っています。理事会はガイドミーティングとも呼ばれ，1か月間のガイド活動の報告が行われます。

今帰仁村では先の講座が村内外から好評だったことや学ぶ会の会員追加などを目的に，同様の講座を2016年まで計6回開講しています。この複数回にわたる講座開講によって学ぶ会の会員は増加し，2015年現在の会員数はガイドの部と一般会員・賛助会員の部を合わせて90人を超えました。

(2) ガイドの仕組みと活動予算

案内ガイドには当日受け付けと事前予約があります。当日受け付けは午前8時30分から午後4時までの申込み時間内にグスク交流センター内にある学ぶ会の受付場所に訪れ，申込書に必要事項を記入すればガイドを受けることができます（写真1）。案内時間は他の希望者の待ち時間等を考慮し，60分を基準としています。利用は1名でも可能であり，料金は無料です。受付場所には平日2人，土日祝日3人のボランティアガイドが待機し，希望者に

対応しています。事前予約は希望者が事前に日時を指定し、ガイドを受けるものであり、修学旅行生やツアー客などの団体の利用が多くみられます。事前予約の案内料金は有料であり、希望者1人につき500円、5人以上の場合は2,500円となります。

ボランティアガイドによる案内は今帰仁城跡を中心に行われますが、そのルートや説明内容に学ぶ会としての基準はなく、会員個々に任されています。会員の中には今帰仁城の歴史や文化に加えて、周辺の自然や動植物を詳しく説明する者もいます。会員の多くは観光客から寄せられる様々な質問に的確に答えられるように、後述するガイド知識の習得機会を利用して日々学習に励んでいます。また、学ぶ会は毎年会誌「今帰仁グスク」を発行していますが、そこには今帰仁城跡に関わる学術的な論文や紀行文のほかに、各会員がどのようにガイドを行っているかを紹介した記事（「私の今帰仁城跡案内ガイド」）も掲載されており、会員にとって参考になることが多いといいます。

写真1　今帰仁グスクを学ぶ会の受付場所
（2017年4月　卯田撮影）

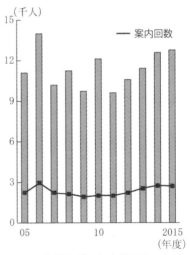

図3　今帰仁グスクを学ぶ会における案内回数と案内人数（2005～2015年）
注）2005年は7か月間を集計。
（今帰仁村提供資料により作成）

図3は2005～2015年における学ぶ会が案内した回数と案内人数を示したものです。一部の年を除き案内回数は年間約2,300回、案内人数は約1万2,000人に上っており、またその数は増加傾向にあります。学ぶ会への聞き

写真2　今帰仁グスクを学ぶ会作製の案内看板
(2017年4月　卯田撮影)

取りによると，こうした増加の背景には世界遺産登録を契機とした今帰仁城跡への観光客の増加に加えて，ガイドの紹介看板の設置が関係しているといいます（写真2）。この看板は学ぶ会の会員が自ら作製したものであり，現在駐車場周辺とグスク交流センター前に設置されています。案内希望者が記入する申込書には代表者名，人数，参加者年齢構成などのほかに，ガイドの依頼動機の項目がありますが，看板の設置以降は依頼の動機を「紹介看板」と記す希望者が多くみられるとのことです。そのことから，看板は案内回数の増加に効果を上げているといえます。

　学ぶ会の年間予算は，主に今帰仁村からの受託費である約300万円と今帰仁城跡の入場料の一部，有料ガイドによる収入などです。支出の内訳は会員活動費，事業費，図書購入費，通信運搬費などです。会員活動費は会員のガイド手当て（交通費，弁当代）として1日2,500円，半日の場合は1,000円が充てられます。また，学ぶ会では会員の1か月のガイド活動予定を記したシフト表を作成し，それに基づいてガイドを行っています。会員の中には仕事や他のサークル活動などから特定の曜日しか参加できず，週1～2回程度に活動が限られる者も少なくありません。事務局ではこうした会員個々の事情を考慮して，とくに近接の居住者や定年後の会員を中心にシフトを組んでいるといいます。

4．今帰仁グスクを学ぶ会の活動状況－会員への聞き取りから－

（1）会員の参加動機と現在の活動

本節は学ぶ会の会員個々の活動状況を，1で述べたガイド組織の課題を踏まえつつ検討します。2015年現在における会員の出身地は，沖縄県出身者（以下，県内出身者）10人，沖縄県外出身者（以下，県外出身者）16人となっており，県外出身者が多いことがわかります。県外出身者には定年後に沖縄に移り住んだ者が多く，これら会員は現在今帰仁村や本部町，名護市などに居住しています。また，県内出身者のうち今帰仁村出身者は3人と少数であり，村以外の会員の出身地は名護市や那覇市，南風原町などです。以下では，会員の参加動機や現在の活動状況などを筆者が行った聞き取りをもとに検討します。この聞き取り調査は学ぶ会事務局の協力を得て，2017年3～4月にかけて会員計11人（県内出身者5人，県外出身者6人）に行ったものです。本項は紙幅の関係上，今帰仁村出身者と県外出身者の聞き取り結果の一部を述べます。

　まず，今帰仁村出身者についてです。聞き取りを行った会員の多くはこれまで今帰仁城跡との関わりがあまりなかったことが特徴として挙げられます。たとえば，A氏（80歳代）は長年村外で生活していたため，地元との関わりはほとんどありませんでした。帰郷後，今帰仁村や今帰仁城跡のことを知りたい，伝えたいとの思いから講座を受講しました。また，B氏（60歳代）は今帰仁城跡へ訪れたのはこれまで2～3回程度であり，今帰仁城跡に対する思い入れはあまりなかったといいます。学ぶ会の参加のきっかけは時間的な余裕ができたことであり，特別な理由があったわけではありません。しかし，ガイドをするうちにその魅力にはまり，その後は会の活動やガイド能力向上のための自主学習を積極的に行っています。

　また，B氏やその他の会員によると，今帰仁村内の会員が少数なのは農作業等で多忙であることやボランティア意識があまり高くないことなどが関係しています。とくに，前者は先述のように今帰仁村は農業地帯であり，いわゆるリタイア世代（65歳以上）であっても年間を通して農作業に従事している者が多く，ガイド活動に時間を割くことは難しいといいます。

　次に，県外出身者について述べます。県外出身者は定年前後に沖縄へ移住

し，その後講座のことを知って受講したとの声が多く聞かれました。受講動機は，知人の紹介，元々の興味・関心，時間的・経済的余裕など様々です。その中で，C氏（60歳代）は那覇市への転勤時に沖縄の魅力に触れ，早期退職し沖縄へ移住しました。その後，移住者仲間から講座のことを紹介され，元々興味があった歴史や城郭をさらに学びたいと思い，受講しました。受講中は学ぶ会の活動にも魅力を感じ，受講後はボランティアガイドとして活動するようになりました。C氏は現在，月4回程度ガイド活動を行っています。また，D氏（60歳代）は沖縄移住後に知人が観光で今帰仁城跡へ訪れた際，自身に十分な知識がなく，詳しい案内ができなかった経験から講座を受講しました。当初，D氏はガイド活動にあまり関心がありませんでしたが，受講者とのつながりや学ぶ会からの熱心な誘いもあり，活動を始めました。D氏の活動頻度は他のサークル活動もあるため，月5〜6回程度です。

　会員の約半数を占める県外出身者は学ぶ会の運営でも大きな役割を果たしています。定年退職を機に沖縄へ移住し，その後学ぶ会に参加したE氏（60歳代）は会社員時代に培った経験を買われて事務局の運営に携わり，組織の基盤構築に貢献しました。また，2011年に開設された会のホームページも移住者の会員が作成したものです。こうした移住者の存在は組織を発展させる上で重要であると考えられます。

（2）ガイド知識の習得と向上
　案内のために必要なガイド知識を習得することはボランティアガイドにとって重要です。学ぶ会におけるガイド知識習得の機会は「組織による機会」と「個人による機会」に大別されます。前者は学ぶ会が主催する勉強会，見学会，研修旅行などがあります。そのうち，勉強会は年間4〜5回程度の割合で，歴史学や考古学，観光学などを専門とする学識者を招待し行われるものであり，2015年まで計25回開催されています。これまでのテーマは「発掘されたグスクと集落」，「今帰仁上りについて」，「伝統集落景観とフクギ屋敷林」などです。見学会および研修旅行は今帰仁城に関係のある場所やゆか

りの地域，県内外の文化遺産などへ直接訪問し，見識を深めることを目的としたものです。図4はこの見学会と研修旅行の訪問先を示したものです。これまで見学会は17回，研修旅行は11回実施されています。訪問先をみると，沖縄県内を中心としつつ，とくに研修旅行では県外の沖永良部島，与論島，国立故宮博物院（台湾）などへ訪問しており，積極的に取り組まれていることがうかがえます。また，学ぶ会では他地域のガイド組織や文化団体（美ら島風景街道南北パートナーシップ，やんばる学研究会など）との交流も盛んであり，毎年共同でのフィールドワークやワークショップ，研究発表会などが行われています。

以上の機会に加えて，会員個々による自主的な学習もみられます。たとえ

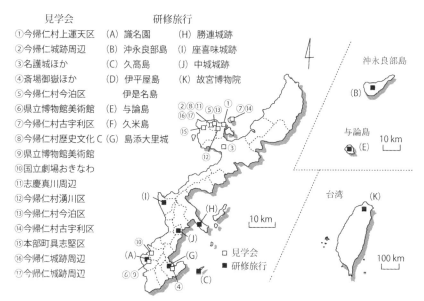

図4　今帰仁グスクを学ぶ会における見学会と研修旅行の訪問先（2005〜2015年）

注1）今帰仁村歴史文化Cは今帰仁村歴史文化センターを示す。
注2）伊平屋島，伊是名島，久米島は紙幅の関係上省略した。

（今帰仁グスクを学ぶ会・編集委員会編（2015）により作成）

ば，先のB氏は観光客の何気ない会話や質問から新たなガイド内容を作り上げるために，学ぶ会所蔵の図書の読み込みや他研究会への参加などを行っているといいます。この図書は会員の自主学習のために毎年購入されるものであり，現在の所蔵数は300冊を超えています。また，別の会員は休憩時間に先輩会員へ積極的に話しかけ，ガイドのノウハウを吸収しています。

5．今帰仁グスクを学ぶ会の発展要因

これまでの検討から，学ぶ会における活動の発展要因として以下の3点を指摘することができます。まず，ガイド知識習得のための多様な機会の創出です。学ぶ会では会員のガイド知識習得の機会として組織と個人の機会があり，なかでも前者は毎年複数回開催される勉強会，また県内外を対象とした現地訪問がありました。こうした多数の機会は会員の学習意欲や新たな興味・関心をかき立て，結果的にガイドの継続的な活動につながっていると考えられます。

第二に，会員間の活動方針の共有です。1で言及したように有志中心の組織ではお互いの意識共有が難しく，とくに学ぶ会は県外出身者が多いため，意見対立が生じやすい状況にあります。会員への聞き取りでは，県外出身者と県内出身者の間で実際に意識の違いがあるとの声が聞かれました。ただ，学ぶ会では毎月1回のガイドミーティングや定期的に開催される勉強会，研修旅行など，会員同士の対面機会が多く，それが意識の共有につながっているといいます。ここからは，会員間の「情報共有の場」が重要であること，またガイド知識の習得機会がそうした「場」の提供という点で大きな役割を果たしていることがわかります。加えて，県外出身者による事務局運営や学ぶ会のホームページ作成などの取り組みは，組織の充実とともに県内出身者との信頼関係を構築する上でも重要な意味をもっていると捉えることができます。

第三に，活動予算の確保です。学ぶ会の予算は今帰仁村からの受託費や有料ガイド収入であり，そこから事業費や会員活動費，図書購入費などが充て

られています。その中で,「ガイド手当て」は会員の活動意欲や継続的な参加において重要であると考えられます。聞き取りによると，会員の中には遠方に居住する者が比較的多く，それらの会員にはこのガイド手当ては喜ばれるといいます。

　ガイド組織は近年全国的に増加傾向にあるものの，活動が停滞している組織も少なくありません。その中で，学ぶ会は以上の3点を要因として発展を遂げてきました。これらの点は様々な課題を抱える各地のガイド組織の今後の取り組みに重要な示唆を与えてくれるものと考えられます。

　ただ，組織として順調に発展してきた学ぶ会は近年高齢化の問題に直面しています。学ぶ会は設立から10年を迎え，定年前後に加入した会員は70歳代後半に差し掛かっており，これら会員の中には健康上の理由から活動を控える者も少なくないといいます。とくに，ガイドを行う今帰仁城跡は起伏が激しく，60分のガイド活動は高齢の会員にとって大きな負担となります。また，今帰仁城跡の観光は特定のシーズンがなく，一年を通してガイドの利用が盛んであることも負担を増加させています。こうした課題に対し，今後学ぶ会は本稿で示した「組織発展の仕組み」を踏まえつつ，これまで会として十分な関わりがなかった今帰仁村内の住民や地元団体などと連携し，新たな取り組みを進めていくことが求められるのではないでしょうか。

付記

　本稿の作成にあたり，今帰仁グスクを学ぶ会の仲嶺盛治氏（会長），山内道美氏（事務局長）をはじめとする会員の皆様には長時間にわたる聞き取りにご協力頂きました。また，今帰仁村経済課の上原一也氏，同村教育委員会の堀真一氏には聞き取りおよび資料提供等でご協力を賜りました。末筆ながら，記して感謝申し上げます。本研究は平成27年度科学研究費補助金基盤研究（A）「世界遺産の創造と場所の商品化に関わる理論的・実証的研究」（研究代表者：松井圭介）の一部を使用しました。

注
1) この数は現在活動中のガイドの部の会員数を示しています。ガイドの部の総会員数は 47 人（OB・OG を含む）です。その他に一般会員・賛助会員の部があり，同部の総会員数は企業 2 社を含めて 47 人です（今帰仁グスクを学ぶ会・編集委員会編，2015）。
2) 『平成 27 年観光要覧』（沖縄県，2015 年）。
3) 以下の記述は宮城（2011）および今帰仁グスクを学ぶ会・編集委員会編（2015）を参照しています。

引用文献（五十音順）
磯野　巧（2016）：徳島県徳島市における観光ボランティアガイド活動の地域的展開．観光研究 27（2），59-70．
多田　治（2008）：『沖縄イメージを旅する－柳田国男から移住ブームまで－』中央公論新社．
今帰仁グスクを学ぶ会・編集委員会編（2015）：『今帰仁グスクを学ぶ会会誌 「今帰仁グスク」十周年記念特別号』今帰仁グスクを学ぶ会．
フンク・カロリン（2008）：「学ぶ観光」と地域における知識創造．地理科学 63（3），160-173．
宮城弘樹（2011）：《資料》今帰仁グスクを学ぶ会誕生と活動の軌跡．今帰仁グスク 5，76-85．
安福恵美子（2014）：地域資源と「観光ボランティアガイド」の関係性に関する一考察．愛知大学綜合郷土研究所紀要 59，101-114．
横山秀司（2009）：観光ボランティアガイドとは－全国で活躍するボランティアガイドさん－．地理 54（9），23-33．

執筆者紹介

【編者・序章・1章・2章分担】
大谷 健太郎　おおたに・けんたろう
名桜大学国際学群観光産業専攻・上級准教授
〔学歴〕三重中京大学大学院政策科学研究科博士課程修了（2007年），博士（政策科学）

【2章分担】
宮城 敏郎　みやぎ・としろう
名桜大学国際学群観光産業専攻・上級准教授
〔学歴〕明治大学大学院政治経済学研究科博士後期課程単位取得（1996年）

【2章分担】
伊良皆 啓　いらみな・ひろの
名桜大学国際学群観光産業専攻・上級准教授
〔学歴〕University of Hawaii at Manoa, School of Travel Industry, Master of Professional Studies（M.P.S.），1996.

【編者・3章】
新垣 裕治　あらかき・ゆうじ
名桜大学国際学群観光産業専攻・教授
〔学歴〕琉球大学大学院理学研究科修士課程生物学専攻修了（1989年），博士（学術）

【4章分担】

田代 豊　たしろ・ゆたか

名桜大学国際学群観光産業専攻・教授

〔学歴〕三重大学大学院生物資源学研究科博士課程修了（1996年），博士（学術）

【4章分担】

野波 寛　のなみ・ひろし

関西学院大学社会学部社会学科・教授

〔学歴〕名古屋大学大学院文学研究科博士課程前期修了（1992年），博士（心理学）

【4章分担】

大友 章司　おおとも・しょうじ

甲南女子大学人間科学部・准教授

〔学歴〕名古屋大学大学院環境学研究科博士後期課程満期退学（2007年），博士（心理学）

【4章分担】

坂本 剛　さかもと・ごう

名古屋産業大学現代ビジネス学部・教授

〔学歴〕名古屋大学大学院教育発達科学研究科博士後期課程満期退学（2002年），修士（心理学）

【5章】

卯田 卓矢　うだ・たくや

名桜大学国際学群観光産業専攻・准教授

〔学歴〕筑波大学大学院生命環境科学研究科博士後期課程修了（2015年），博士（理学）

名桜大学やんばるブックレット シリーズ

1 文学と場所

〈切っ先〉としての「やんばる」／土地に寄り添う文学の力／「やんばる」で詩作をするということ／やんばるから『おもろさうし』を切りひらく／やんばるの琉歌／日本古典文学と「やんばる」／やんばるは小説家の宝庫だ／やんばると短歌

2 やんばるとスポーツ

戦後の沖縄スポーツ／やんばるにおける陸上競技の歴史／やんばるにおけるマリンスポーツの歴史／やんばるでのマリンスポーツ：帆かけサバニ／やんばるとバスケットボール：辺土名旋風／やんばるの海洋教育／やんばるの体育教育／やんばるとゴルフ／やんばるにおける名桜大学の健康長寿サポート　ほか

3 やんばると台湾

やんばる・パイナップル・台湾―"日本一のパイナップル村"東村と宮里松次・ミエ子夫妻―
やんばる・人形劇・台湾―名護・屋我地島から新たな沖縄文化を発信する桑江純子―

別冊1 沖縄／日本の文化・社会・共同体と国際環境

第一部　沖縄／日本の共同体と制度
第二部　沖縄／日本の歴史と文化
第三部　沖縄／日本からの人の国際移動

別冊2 子どもの貧困問題と大学の地域貢献

やんばるの地で大学の地域貢献を考える／沖縄の子どもの貧困問題を考える／子どもの貧困対策としての「無料塾」の設立／生活困窮世帯の中学生への学習支援事業と学生ボランティアの学び／沖縄における産官学連携の子どもの居場所づくり

やんばると観光	名桜大学やんばるブックレット・4

2018年11月27日　初版第1刷発行

編　者　大谷健太郎・新垣裕治
発行所　名桜大学
発売元　沖縄タイムス社
印刷所　光文堂コミュニケーションズ

©Meio University　　　　Printed in Japan
写真および文章の無断複製を禁じます
ISBN978-4-87127-685-6 C0365

『やんばるブックレット』シリーズ刊行に際して

グローバリゼーションと呼ばれる現象は、人々の想像や想定をはるかに超える速さと広がりの中で私たちの生活を変えてきています。「やんばる」でも、グローバル化の波が足元まで押し寄せ、社会や歴史や文化を新たな視点から見直し、二十一世紀の新しい生き方を考えざるを得なくなってきました。名桜大学『やんばるブックレット』シリーズ刊行の背景には、このような時代の変容が横たわっています。

二十一世紀の沖縄はどこに向かうのか。どのような新しい生き方が私たちを待っているのか。沖縄北部を斬新な切り口から見つめ直すことで、沖縄や日本全体の未来が見えてこないか――。本ブックレットシリーズには人間の生き方を根源から問い直してみようという思いも込められています。なによりも、新しい時代にふさわしい「やんばる像」（＝自己像）を発見し、構築しようという思いから本シリーズは刊行されることになりました。Edge＝「辺境」ではなく、cutting edge＝「最先端」、「切っ先」としての「やんばる」を想像／創造してみたいと思います。名桜大学のブックレットシリーズが新たな未来と希望につながることを願っています。

二〇一六年　名桜大学学長　山里勝己